MÉNEXÈNE

LES DIALOGUES DE PLATON

Présenter de chaque Dialogue de Platon un commentaire suivi qui soit attentif au mouvement souvent accidenté de la pensée, en dégage les différentes méthodes et articule les problèmes soulevés, telle est l'ambition de cette collection. Mais puisque la compréhension d'un texte philosophique et sa traduction se déterminent réciproquement, le commentaire s'accompagnera d'une traduction originale. Cette circularité s'impose d'autant plus que c'est avec Platon que le langage de la philosophie s'élabore : il faut tenter d'en faire percevoir la nouveauté éternellement nouvelle. Priorité sera donc donnée aux références au corpus platonicien ainsi qu'aux auteurs auxquels Platon renvoie explicitement ou implicitement.

Pourquoi le texte grec, alors que le nombre de ceux capables de le lire ne cesse de diminuer ? Pour leur en fournir un qui soit aisément accessible, mais aussi pour rappeler que nous lisons un texte dont plusieurs versions nous ont été transmises, entre lesquelles il faut parfois choisir. Les termes grecs, translittérés, figurant dans le commentaire marquent l'écart existant entre les deux langues. Cet écart n'est pas seulement lexical : il existe en grec ancien une voix moyenne, ni active ni passive ; un temps du commencement de l'action, l'aoriste, ni passé ni présent ; un nombre, le duel, ni singulier ni pluriel, et un genre neutre, ni masculin ni féminin. En prendre conscience pourrait, c'est du moins le pari de cette collection, amener le lecteur à penser un peu autrement, à penser en grec.

BIBLIOTHEQUE DES TEXTES PHILOSOPHIQUES

PLATON

MÉNEXÈNE

Introduction, nouvelle traduction (texte grec en regard)
et commentaire
par
Étienne HELMER

PARIS
LIBRAIRIE PHILOSOPHIQUE J. VRIN
6 place de la Sorbonne, V^e
2019

Les Dialogues de Platon

sous la direction de

Monique Dixsaut, Sylvain Delcomminette
et Dimitri El Murr

© *Librairie Philosophique J. VRIN*, 2019
Imprimé en France
ISSN 0249-7972
ISBN 978-2-7116-2826-1
www.vrin.fr

INTRODUCTION

> *Calliclès : Dis-moi, Chéréphon,*
> *est-ce que Socrate parle sérieusement,*
> *ou est-ce qu'il plaisante ?*
> Gorgias, 481b

De l'Antiquité à nos jours, la singularité du *Ménexène* dans l'œuvre de Platon n'a échappé à aucun commentateur, au point qu'on a pu douter récemment encore de son authenticité et y voir un texte écrit à plusieurs mains, dont l'une serait celle du philosophe [1]. Pour minoritaire et peu vraisemblable qu'elle soit, une telle hypothèse n'en signale pas moins le statut à part de ce dialogue. Mais l'*Apologie*, autre œuvre de la période dite « socratique » n'est-elle pas aussi « à part » ? Autrement dit : est-ce la forme non ou peu dialoguée du *Ménexène* qui est « particulière », ou plutôt le fait que Platon semble s'approprier le genre rhétorique de l'éloge inconditionné, forme la plus opposée à toute espèce de questionnement ? Pourquoi Platon donne-t-il à entendre en effet cette parole politique bien particulière qu'est l'oraison funèbre, « ancienne coutume » athénienne instituée peut-être entre la première ou la deuxième guerre

---

1. D. Engels, « Irony and Plato's *Menexenus* », *L'Antiquité classique* 81, 2012, p. 13-30. Voir aussi G.M. Lattanzi, « Il significato e l'autenticità del *Menesseno* », *La Parola del passato* 8, 1953, p. 303-306.

médique et 465 av. J.-C., et qui clôturait la cérémonie publique organisée en l'honneur des soldats morts dans l'année, avant qu'ils ne soient inhumés ensemble dans le cimetière du Céramique [1] ? Pourquoi, détachant l'*epitaphios logos* de la cérémonie qui lui sert normalement de cadre, l'insère-t-il entre deux parties dialoguées inhabituellement brèves en comparaison de ses autres dialogues socratiques ?

Les interprétations les plus opposées ont été avancées. En règle générale, l'Antiquité a négligé les passages dialogués, estimant que Platon voulait écrire une oraison funèbre dans une intention politique, civique et éducative tout à fait sérieuse, semblable à celle qui animait les orateurs de son temps quand ils se livraient à cet exercice très codifié [2]. Évaluée à l'aune de critères surtout formels, c'est-à-dire stylistiques, l'oraison du *Ménexène* valut alors à son auteur autant de critiques que d'éloges. Les choses changent à partir du XIXe siècle, lorsqu'elle est interprétée à la lumière des parties dialoguées qui l'encadrent, où l'intention ironique et parodique apparaît très nettement. Beaucoup lisent alors dans le discours attribué à Aspasie une « oraison imaginaire » qui parodie les modèles du genre plutôt qu'elle ne rivalise avec eux. Le *Ménexène* serait ainsi « une sorte de joyeux appendice » à la critique théorique que, dans le *Gorgias*, Socrate adresse tout à la fois à la rhétorique ordinaire, à la démocratie athénienne

---

1. « *patrios nomos* », Thucydide, *Histoire de la guerre du Péloponnèse* (désormais abrégé *Hist.*) II, 34.

2. Comme l'attestent les deux sous-titres qui lui sont attribués dans le « Catalogue de Thrasylle », rapporté par Diogène Laërce (*Vies et doctrines des philosophes illustres*, III 56-61, M.-O. Goulet-Cazé (dir.), Paris, Le livre de poche, 1999), et qui sont repris dans tous les manuscrits médiévaux. Le premier indique le thème principal du Dialogue : *Ménexène* ou *Oraison funèbre* (*epitaphios*), le second le « type » dont celui-ci relève : « éthique », et non pas « réthorique ».

et à sa politique étrangère[1]. Dans cette même ligne interprétative, certains vont jusqu'à soutenir que ce pastiche aboutit à la totale destruction du genre de l'*epitaphios logos*. D'autres adoptent une position intermédiaire consistant à lire l'oraison comme une parodie, et à prendre au sérieux sa partie finale – l'exhortation et la consolation[2].

Que certains renouent aujourd'hui avec la lecture ancienne en estimant que l'oraison du *Ménexène* est de part en part une véritable oraison platonicienne ou une réponse à celle de Périclès qu'on trouve chez Thucydide[3], montre bien que le débat n'est pas clos entre ces deux grandes tendances interprétatives. Le sens de ce dialogue, toutefois, n'est-il pas plutôt à chercher dans les questions qu'il pose : celle de la place de la philosophie dans ce genre de démocratie, et du genre de discours que tout régime démocratique appelle et impose? Que faire, en effet, des similitudes que le *Ménexène* présente avec des passages d'autres dialogues de Platon dont l'intention ironique ou parodique est incontestablement absente, et qui peuvent être tenus pour des propositions ou des hypothèses défendues par le philosophe lui-même? Comment comprendre l'emploi de certains mots propres à la philosophie de Platon dans un texte qui pointe précisément l'absence de la philosophie dans le discours civique athénien, d'une philosophie que l'oraison de Périclès présente au contraire comme ce qui distingue de façon

---

1. E.R. Dodds, *Plato : Gorgias*, Oxford, Clarendon Press, 1959, p. 24.

2. Pour ces interprétations, voir la Bibliographie, p. 177-178.

3. Respectivement : N. Scholl, *Der platonische* Menexenos, Rome, Edizioni di Storia e Letteratura, 1959; I. von Loewenclau, *Der platonische* Menexenos, Stuttgart, Kohlhammer, 1961. Et N. Pappas, M. Zelcer, *Politics and Philosophy in Plato's* Menexenus. *Education and Rhetoric, Myth and History*, London, Routledge, 2014, p. 4-10 et p. 82-85.

éminente les Athéniens des autres peuples : « nous
philosophons, mais sans mollesse [1] » ?

Estimer qu'une « différence irréductible » et irrémédiable
sépare l'oraison funèbre de son autre, le discours socratique,
comme la dialectique diffère de la rhétorique et l'ignorance
du savoir [2], c'est ne prêter à ces similitudes terminologiques
de fonction que critique, et c'est en réduire considérablement
la portée et le sens. Dans l'oraison en effet, Socrate ne
présente pas à Ménexène ou au lecteur le miroir inversé
de la parole philosophique, comme le mal serait l'autre
absolu du bien. Par un jeu de rappels subtils et complexes
qui font du *logos* philosophique la doublure du *logos*
funèbre, comme on parle de la doublure d'un vêtement, il
invite plutôt son jeune interlocuteur à *situer* cette parole
emblématique de la démocratie par rapport à la parole
politique issue de la philosophie. Plutôt qu'un *abîme*, c'est
une *distance* qu'il lui propose de mesurer. Les similitudes
de vocabulaire ou de formulation entre l'oraison du
Ménexène et les autres dialogues de Platon remplissent de
ce fait une fonction positive, tout à la fois politique et
éducative ou pédagogique.

L'oraison se comprend en effet en référence au « noble
mensonge » (*gennaios pseudos*, *République* III, 414b-415d),
passage qui, lui aussi, invite les membres de la cité à se
sentir fils d'une même mère, leur terre, et à tout faire pour
la défendre. En ce sens, l'oraison funèbre démocratique,
dont ce dialogue exploite les *topoi* à l'extrême, est la
version *dégradée*, plutôt que radicalement distincte, du
discours vraiment politique que la cité juste de Platon tient

---

1. Thucydide, *Histoire de la Guerre du Péloponnèse* II, 40.
2. N. Loraux, « Socrate contrepoison de l'oraison funèbre. Enjeu et
signification du *Ménexène* », *L'Antiquité classique* 43, fasc. 1, 1974,
p. 173 et p. 184.

à ses membres. Comme le Livre VIII de la *République* le montre, la démocratie est le résultat de la détérioration successive des régimes à partir de celui que dirigent les philosophes. On a donc tout lieu de penser que son discours civique officiel est une version également dégradée – et distante d'autant – du discours politique façonné par la philosophie. L'oraison du *Ménexène* est ainsi à lire comme l'expression démocratique, et en ce sens contrefaite, du noble mensonge de la *République*, sa traduction « empreinte de majesté prétentieuse » (*semnos*, *Ménexène* 235b) qui appelle à l'unité civique et à la vertu en déformant le sens de ces termes. Un faux mensonge en place d'un vrai, un mensonge *semnos* en lieu d'un *gennaios* : l'enjeu philosophique du *Ménexène* est d'abord de donner la mesure de l'écart entre le vrai, indirectement suggéré, et son simulacre démocratique, présent, qui en est la lointaine transformation.

C'est pourquoi les notions politiques platoniciennes fondamentales mobilisées dans ce dialogue – la vertu, la liberté, l'unité de la cité – ne le sont pas au nom d'une orthodoxie démocratique à laquelle Platon adhérerait et qui surpasserait celle que Périclès ou Thucydide ont pu formuler : leur présence outrancière est à entendre sur fond du silence dialectique qui caractérise tout le *Ménexène*, et qui ouvre justement un espace de questionnement possible sur la teneur du discours démocratique et les valeurs qu'il promeut. La preuve que Socrate ne défend ici aucun idéal démocratique est que le contenu du discours d'Aspasie est étranger à la « véritable rhétorique » évoquée dans le *Gorgias* (*hè alèthinè rhètorikè*, 517a) et le *Phèdre* (266a-274a) : non seulement cette rhétorique se fonde sur une analyse dialectique des âmes, ce dont l'oraison ne présente aucun signe – elle les confond toutes, au contraire, au nom de l'isonomie dont la démocratie s'enorgueillit – mais en outre, elle vise le vrai ou un vraisemblable qui, en mentant noblement, possède quelque similitude avec le vrai. Or l'absence de toute référence à un savoir dialectique préalable rend cela impossible dans le *Ménexène*. Cependant, si la vérité philosophique n'est pas présente positivement ou visiblement dans l'oraison, elle n'y est pas moins à l'œuvre : la philosophie est encore possible en démocratie, elle doit seulement ruser ou biaiser pour se dire et, surtout, se faire entendre. Ainsi, c'est en arrachant l'oraison à son contexte d'énonciation pour la dépouiller de son prestige et en produire une imitation forcée où résonnent les mots de la philosophie, que Socrate met tout de même en œuvre quelque chose de sa rhétorique véritable : il s'adapte au naturel de son interlocuteur pour tenter de se l'attacher, car « tant qu'on ne l'aura pas fait, on ne sera pas capable de manier le genre des discours avec autant d'art que sa nature le permet, ni pour enseigner ni pour persuader » (*Phèdre* 277c). Il tente donc malgré tout de lui enseigner quelque chose et de le persuader de ne pas se laisser séduire par une rhétorique qui relève entièrement de l'art de la « flatterie ». Dès les premières lignes du dialogue (234a-b) Socrate identifie quel type d'âme ou d'homme Ménexène est ou risque de devenir s'il poursuit dans la voie qu'il a choisie sans pousser plus avant en philosophie. Toute la question est de savoir si Ménexène acceptera ou non de faire un tel détour.

Rien ne permet de trancher cette question. Prétendre que le jeune interlocuteur de Socrate a compris la leçon ou, au contraire, qu'il est passé à côté, c'est méconnaître que le *Ménexène* se prête à ces deux lectures en même temps. Ce dialogue se joue, et Ménexène se trouve, au point de rencontre entre, d'un côté, une parole politique collective destinée à exalter la grandeur et les vertus de la cité et de ses citoyens, et, de l'autre, un échange philosophique individualisé mais fortement exposé au retour du collectif en la personne même de Ménexène, tout habité qu'il est par la cité – il vient du Conseil, aime les discours publics et se destine à la carrière politique. Comment donc formuler une parole philosophique politiquement efficace dans un tel contexte ? À l'issue de l'entretien, l'interlocuteur de Socrate peut aussi bien avoir été conforté dans son goût pour la rhétorique démocratique ou, au contraire, avoir avancé vers la philosophie sous l'effet du charme libérateur de la parole socratique.

Si le *Ménexène* porte assurément sur l'écart séparant deux usages du *logos*, c'est aussi pour en sonder les effets politiques respectifs. Quel type de « soigneur » politique (*epimelètès*, 234b) Ménexène, l'amateur d'oraisons, sera-t-il pour ses concitoyens ? De sa trajectoire dépendra le type de soins qu'il pourra leur procurer. Sera-t-il, sous couvert de gouverner dans l'intérêt de tous, le gardien des intérêts de sa famille (*humôn hè oikia*, 234b) ? Ou bien, sensible à l'appel de la philosophie, se mettra-t-il à réfléchir aux fondements vrais d'une politique juste, à la nature du véritable soin requis par la cité et les citoyens, et sera-t-il alors en mesure de subordonner l'intérêt de sa famille à celui d'Athènes ?

Outre la trajectoire d'un jeune homme, c'est aussi la cité elle-même, on le voit, qui est en balance dans le *Ménexène*. S'interroger sur le statut et la place d'Athènes dans les dialogues de Platon est une entreprise qui dépasse de loin les limites de ce livre, mais on peut noter au moins trois points. Tout d'abord, ici comme dans le *Gorgias*, Socrate propose une réforme politique indirecte d'Athènes en espérant agir sur une âme individuelle plutôt qu'en élaborant un projet de refonte de la cité dans son ensemble. Son intention manifeste n'est pas de détourner Ménexène d'Athènes, mais de l'inviter à voir sa cité autrement. Ensuite, pour produire ce changement de regard, qui est plutôt un changement d'écoute, Socrate déploie un véritable « anti-athénocentrisme » certes polémique mais surtout, pourrait-on dire, méthodologique. Sous couvert de vanter l'exception athénienne, l'oraison la ruine et fait d'Athènes une cité aussi étrangère et barbare que celles dont elle prétend se démarquer : manière d'orienter Ménexène vers la recherche de nouveaux fondements du bien et du juste politiques, bref vers plus de philosophie. Le récit des Guerres médiques offre un bon exemple, parmi bien d'autres, de ce double discours à l'œuvre dans tout le dialogue. Alors que les Perses passaient pour invincibles et suscitaient l'effroi par leur nombre auprès des Grecs, Athènes, au nom de la liberté, libère ces derniers de leur peur en combattant les Perses, et amène ainsi le Grand Roi à craindre pour son propre salut (241b-e). En d'autres termes, Athènes a pris la place de la Perse sur l'échiquier politique régional : désormais, c'est elle que l'on craint. Athènes ou la Perse, c'est tout un : toutes deux recourent à une même politique de la peur. Enfin, l'horizon politique positif que Socrate trace dans l'oraison ne consiste pas à dénoncer et rectifier les distorsions historiques dont Aspasie est coupable [1], mais plutôt à pointer vers une autre fiction, en accord avec les exigences d'une politique vraiment juste. Tandis que le « noble mensonge » de la *République* fournit l'armature conceptuelle et structurelle de cette bonne fiction, le *Critias* lui donne chair en dépeignant

1. Pour le détail de ces distorsions, voir M.M. Henderson, « Plato's *Menexenus* and the distorsion of history », *Acta Classica* 18, 1975, p. 26-46.

l'ancienne Athènes, revisitée par la philosophie et par des mythes soigneusement choisis, comme une cité modèle. De cette cité, tout le *Critias* représente en quelque sorte le véritable éloge, contre l'éloge contrefait qu'est l'*epitaphios logos*[1]. Le *Ménexène*, on le voit, n'est pas un dialogue sur l'histoire mais sur son usage politique. Il ne joue pas la fiction contre une vérité historique à rétablir, mais deux usages distincts de la fiction, dont il semble qu'aucune cité ne puisse se passer pour que ses membres se sentent liés à elle et entre eux.

Ménexène saura-t-il donc entendre Socrate ? Tout est question de mémoire ou, plus précisément, de réminiscence. L'impératif de mémoire qui scande l'oraison – « il me faut rappeler le souvenir… » (239c, 239d, 241e, 242e, 244a, 246a, 246b, 246d) – se révèle, du point de vue de Socrate, un impératif d'oubli. L'effet que Socrate dit éprouver après chaque oraison le prouve bien : « c'est à peine si, le quatrième ou le cinquième jour, je me ressouviens (*anamimnèiskomai*) de moi-même ! » (235c). Le discours de la cité sur ses morts produit sur les vivants un oubli presque complet d'eux-mêmes, qui voue à l'échec l'exigence socratique d'une connaissance de soi comme âme en quête de savoir vrai et, avec elle, la possibilité d'un questionnement sur ce qu'est vraiment la meilleure façon de vivre, pour l'individu comme pour la cité. Une telle connaissance passe en effet par la réminiscence (*anamnèsis*), ce processus par lequel l'âme reprend contact avec les vraies réalités qu'elle a contemplées avant de s'incarner[2]. Mais là encore,

---

1. Sur le rapport entre le *Ménexène* et le *Critias*, voir N. Loraux, *L'Invention d'Athènes. Histoire de l'oraison funèbre dans la cité classique*, Paris, Payot, 1993, p. 307-314.

2. Sur la réminiscence : *Ménon*, 81c-e, *Philèbe*, 34b, *Phédon*, 72e-76b, et *Phèdre*, 249b-d.

la réminiscence n'est pas nommée comme telle dans le *Ménexène* : elle est pointée indirectement, dans le creux d'un discours qui ne fait appel qu'à la version la plus dégradée ou la plus élémentaire de la mémoire.

Tout l'effort de Socrate, et le nôtre dans le commentaire du *Ménexène* qu'on va lire, est de faire tinter dans la parodie qu'est l'oraison les mots silencieux de la philosophie, de recueillir la trace du vrai au cœur de son simulacre démocratique, et de mesurer ce qui sépare le second du premier. Rien ne dit si cette distance est définitivement trop importante pour être parcourue, ou si elle est à la portée de Ménexène et à la nôtre.

Le texte grec

Le texte est celui établi par J. Burnet, *Platonis Opera*, tome III contenant les tétralogies V à VII, Oxford, Clarendon Press, 1903 (le *Ménexène* est le dernier dialogue de la septième tétralogie). Les notes au texte grec mentionnent les quelques modifications apportées dans cette édition.

Les références données en marge du texte grec (par exemple 264a, puis b, 5, 10, etc.) suivent la linéation de l'édition Burnet. Les barres insérées dans le texte grec marquent la fin de chaque ligne.

Sigles utilisés dans l'apparat critique

T = cod. Venetus Marcianus app. class 4, cod 1, fin du XIe ou début du XIIe siècle.

W = cod. Vindobonensis 54 suppl. phil. gr. 7, 2e moitié du XIe siècle?

F = cod. Vindobonensis 55. suppl. phil. gr. 39, XIVe siècle.

PLATON

MÉNEXÈNE
ΜΕΝΕΞΕΝΟΣ

ΜΕΝΕΞΕΝΟΣ

ΣΩΚΡΑΤΗΣ, ΜΕΝΕΞΕΝΟΣ

ΣΩΚΡΑΤΗΣ. Ἐξ ἀγορᾶς ἢ πόθεν Μενέξενος ;

ΜΕΝΕΞΕΝΟΣ. Ἐξ ἀγορᾶς, ὦ Σώκρατες, καὶ ἀπὸ τοῦ βουλευτηρίου.

ΣΩ. Τί μάλιστα σοὶ πρὸς βουλευτήριον ; ἢ δῆλα δὴ ὅτι
234 a5 | παιδεύσεως καὶ φιλοσοφίας ἐπὶ τέλει ἡγῇ εἶναι, καὶ ὡς
ἱκανῶς ἤδη ἔχων ἐπὶ τὰ μείζω ἐπινοεῖς τρέπεσθαι, καὶ ἄρχειν
b ἡμῶν, ὦ θαυμάσιε, ἐπιχειρεῖς τῶν πρεσβυτέρων | τηλικοῦτος
ὤν, ἵνα μὴ ἐκλίπῃ ὑμῶν ἡ οἰκία ἀεί τινα ἡμῶν ἐπιμελητὴν
παρεχομένη ;

ΜΕΝ. Ἐὰν σύ γε, ὦ Σώκρατες, ἐᾷς καὶ συμβουλεύῃς
ἄρχειν, προθυμήσομαι· εἰ δὲ μή, οὔ. νῦν μέντοι ἀφικόμην
5 | πρὸς τὸ βουλευτήριον πυθόμενος ὅτι ἡ βουλὴ μέλλει
αἱρεῖσθαι ὅστις ἐρεῖ ἐπὶ τοῖς ἀποθανοῦσιν· ταφὰς γὰρ οἶσθ'
ὅτι μέλλουσι ποιεῖν.

ΣΩ. Πάνυ γε· ἀλλὰ τίνα εἵλοντο ;

ΜΕΝ. Οὐδένα, ἀλλὰ ἀνεβάλοντο εἰς τὴν αὔριον. οἶμαι
10 | μέντοι Ἀρχῖνον ἢ Δίωνα αἱρεθήσεσθαι. |

MÉNEXÈNE

SOCRATE, MÉNEXÈNE

| Socrate – Est-ce de l'agora que vient Ménexène ?
Sinon, d'où est-ce ?

Ménexène – De l'agora, Socrate, plus précisément de
la salle du Conseil.

Socrate – Qu'avais-tu donc à faire au juste à la salle
du Conseil ? Ah, évidemment, tu estimes être parvenu au
terme de ton éducation et de la philosophie, et comme tu
penses désormais en être capable, tu songes à te tourner
vers de plus grandes entreprises : homme admirable, tu
entreprends de nous gouverner, à ton âge, nous qui sommes
tes aînés, | afin que votre famille [1] ne cesse de fournir sans **b**
discontinuer quelqu'un qui prenne soin de nous ?

Ménexène – Si tu me le permets, Socrate, et si tu me
conseilles de gouverner, j'y mettrai toute mon ardeur ;
sinon, non. Mais si je me suis rendu aujourd'hui à la salle
du Conseil, c'est parce que j'ai appris que le Conseil
s'apprête à choisir celui qui parlera sur les morts, car tu
sais qu'on va organiser leurs funérailles.

Socrate – Tout à fait ; mais qui a-t-on choisi ?

Ménexène – Personne, on a reporté le choix à demain.
Mais je pense que ce sera Archinos ou Dion qui sera choisi.|

---

1. Démophon, le père de Ménexène, était un général athénien.

c   ΣΩ. Καὶ μήν, ὦ Μενέξενε, πολλαχῇ κινδυνεύει καλὸν
εἶναι τὸ ἐν πολέμῳ ἀποθνήσκειν. καὶ γὰρ ταφῆς καλῆς τε
καὶ μεγαλοπρεποῦς τυγχάνει, καὶ ἐὰν πένης τις ὢν
τελευτήσῃ, καὶ ἐπαίνου αὖ ἔτυχεν, καὶ ἐὰν φαῦλος ᾖ, ὑπ᾽
5   ἀνδρῶν σοφῶν | τε καὶ οὐκ εἰκῇ ἐπαινούντων, ἀλλὰ ἐκ
πολλοῦ χρόνου λόγους παρεσκευασμένων, οἳ οὕτως καλῶς
235 a ἐπαινοῦσιν, ὥστε καὶ τὰ | προσόντα καὶ τὰ μὴ περὶ ἑκάστου
λέγοντες, κάλλιστά πως τοῖς ὀνόμασι ποικίλλοντες,
γοητεύουσιν ἡμῶν τὰς ψυχάς, καὶ τὴν πόλιν ἐγκωμιάζοντες
κατὰ πάντας τρόπους καὶ τοὺς τετελευτηκότας ἐν τῷ
5   πολέμῳ καὶ τοὺς προγόνους ἡμῶν | ἅπαντας τοὺς ἔμπροσθεν
καὶ αὐτοὺς ἡμᾶς τοὺς ἔτι ζῶντας ἐπαινοῦντες, ὥστ᾽ ἔγωγε,
ὦ Μενέξενε, γενναίως πάνυ διατίθεμαι ἐπαινούμενος ὑπ᾽
b   αὐτῶν, καὶ ἑκάστοτε ἕστηκα ¹ | ἀκροώμενος καὶ κηλούμενος,
ἡγούμενος ἐν τῷ παραχρῆμα μείζων καὶ γενναιότερος καὶ
καλλίων γεγονέναι. καὶ οἷα δὴ τὰ πολλὰ ἀεὶ μετ᾽ ἐμοῦ
ξένοι τινὲς ἕπονται καὶ συνακροῶνται πρὸς οὓς ἐγὼ
5   σεμνότερος ἐν τῷ παραχρῆμα | γίγνομαι· καὶ γὰρ ἐκεῖνοι
ταὐτὰ ταῦτα δοκοῦσί μοι πάσχειν καὶ πρὸς ἐμὲ καὶ πρὸς
τὴν ἄλλην πόλιν, θαυμασιωτέραν αὐτὴν ἡγεῖσθαι εἶναι ἢ
πρότερον, ὑπὸ τοῦ λέγοντος ἀναπειθόμενοι. καί μοι αὕτη
c   ἡ σεμνότης παραμένει ἡμέρας πλείω | ἢ τρεῖς· οὕτως ἔναυλος
ὁ λόγος τε καὶ ὁ φθόγγος παρὰ τοῦ λέγοντος ἐνδύεται εἰς
τὰ ὦτα, ὥστε μόγις τετάρτῃ ἢ πέμπτῃ ἡμέρᾳ ἀναμιμνήσκομαι
ἐμαυτοῦ καὶ αἰσθάνομαι οὗ γῆς εἰμι, τέως δὲ οἶμαι μόνον
5   οὐκ ἐν μακάρων νήσοις οἰκεῖν· οὕτως ἡμῖν | οἱ ῥήτορες
δεξιοί εἰσιν.

―――――――――

1. a7 ἕστηκα TW Méridier : ἐξέστηκα F Burnet Tsitsiridis

Socrate – Eh bien, Ménexène, à maints égards, il se   c
peut que ce soit une belle chose que de mourir à la guerre.
Car on obtient une belle – mieux, une grandiose – sépulture,
même si l'on a fini ses jours dans la pauvreté ; on obtient
encore, même si l'on ne valait rien, l'éloge d'hommes
savants, qui ne louent pas au hasard mais qui ont depuis
longtemps préparé leurs discours ; ils ont une si belle façon
de louer qu'en | évoquant pour chacun et les qualités qu'il   **235 a**
possède et celles qu'il ne possède pas, par un bariolage de
mots magnifique en un sens, ils ensorcellent nos âmes ;
ils célèbrent la cité par tous les moyens, font l'éloge de
ceux qui sont morts à la guerre, de tous nos ancêtres, ceux
qui vécurent autrefois et nous-mêmes qui sommes encore
vivants, si bien que pour ma part, cher Ménexène, je me
retrouve dans des dispositions tout à fait nobles sous l'effet
de leur éloge, et chaque fois je reste cloué sur place | à les   **b**
écouter et à me laisser prendre à leur charme, me figurant
être devenu sur-le-champ plus grand, plus noble et plus
beau. Et comme d'ordinaire je suis toujours accompagné
d'étrangers qui écoutent avec moi, à leurs yeux, je deviens
sur-le-champ plus important. Car cette même impression,
ils me semblent l'éprouver et à mon égard et à l'égard de
la cité, ils trouvent qu'elle est plus admirable qu'auparavant,
sous l'effet de persuasion produit par l'orateur. Et ce
sentiment d'importance me dure plus de | trois jours : le   **c**
discours et la voix de l'orateur pénètrent dans mes oreilles
et y résonnent au point que c'est à peine si, le quatrième
ou le cinquième jour, je me ressouviens de moi-même et
si j'ai conscience de l'endroit où je me trouve ; dans
l'intervalle, peu s'en faut que je ne croie habiter les Îles
des Bienheureux, tant nos orateurs sont adroits !

ΜΕΝ. Ἀεὶ σὺ προσπαίζεις, ὦ Σώκρατες, τοὺς ῥήτορας. νῦν μέντοι οἶμαι ἐγὼ τὸν αἱρεθέντα οὐ πάνυ εὐπορήσειν· ἐξ ὑπογύου γὰρ παντάπασιν ἡ αἵρεσις γέγονεν, ὥστε ἴσως ἀναγκασθήσεται ὁ λέγων ὥσπερ αὐτοσχεδιάζειν. |

d   ΣΩ. Πόθεν, ὦγαθέ ; εἰσὶν ἑκάστοις τούτων λόγοι παρεσκευασμένοι, καὶ ἅμα οὐδὲ αὐτοσχεδιάζειν τά γε τοιαῦτα χαλεπόν. εἰ μὲν γὰρ δέοι Ἀθηναίους ἐν Πελοποννησίοις εὖ λέγειν ἢ Πελοποννησίους ἐν Ἀθηναίοις, ἀγαθοῦ ἂν ῥήτορος δέοι τοῦ πείσοντος καὶ εὐδοκιμήσοντος·
5 ὅταν δέ τις ἐν τούτοις | ἀγωνίζηται οὕσπερ καὶ ἐπαινεῖ, οὐδὲν μέγα δοκεῖν εὖ λέγειν.

ΜΕΝ. Οὐκ οἴει, ὦ Σώκρατες ;

ΣΩ. Οὐ μέντοι μὰ Δία. |

e   ΜΕΝ. Ἦ οἴει οἷός τ᾿ ἂν εἶναι αὐτὸς εἰπεῖν, εἰ δέοι καὶ ἕλοιτό σε ἡ βουλή ;

ΣΩ. Καὶ ἐμοὶ μέν γε, ὦ Μενέξενε, οὐδὲν θαυμαστὸν οἴῳ τ᾿ εἶναι εἰπεῖν, ᾧ τυγχάνει διδάσκαλος οὖσα οὐ πάνυ φαύλη περὶ ῥητορικῆς, ἀλλ᾿ ἥπερ καὶ ἄλλους πολλοὺς καὶ
5 ἀγαθοὺς | πεποίηκε ῥήτορας, ἕνα δὲ καὶ διαφέροντα τῶν Ἑλλήνων, Περικλέα τὸν Ξανθίππου.

ΜΕΝ. Τίς αὕτη ; ἢ δῆλον ὅτι Ἀσπασίαν λέγεις ;

Ménexène – Toujours tes plaisanteries sur le compte des orateurs, Socrate ! Mais cette fois, à mon avis, celui qui sera choisi n'aura que peu de matière, car la décision de choisir un orateur a été prise très récemment, si bien qu'il sera probablement forcé d'improviser, si l'on peut dire. |

Socrate – D'où sors-tu cela, mon bon ? Chacun d'eux **d** a des discours tout préparés, et en plus l'improvisation n'a rien de difficile, du moins sur de tels sujets. S'il fallait bien parler des Athéniens devant les Péloponnésiens ou des Péloponnésiens devant les Athéniens, il faudrait un bon orateur pour persuader et se forger une réputation ; mais quand on soutient la compétition précisément devant ceux dont on fait aussi l'éloge, ce n'est pas une grande affaire que de paraître bien parler.

Ménexène – Tu ne le crois pas, Socrate ?

Socrate – Ça non, par Zeus ! |

Ménexène – Crois-tu que tu serais toi-même capable **e** de parler, s'il le fallait et que le Conseil t'eût choisi ?

Socrate – Oui, même moi, Ménexène, il n'y aurait rien d'étonnant à ce que je sois capable de parler, moi qui me trouve avoir pour maître une femme qui n'est pas sans valeur du tout en matière de rhétorique ; c'est précisément celle qui a formé nombre de bons orateurs, dont un en particulier qui surpasse tous les Grecs : Périclès, le fils de Xanthippe[1].

Ménexène – Qui est-ce ? Ah, évidemment, c'est d'Aspasie que tu parles, non ?

---

1. Xanthippe : général athénien qui s'illustra contre les Perses ; voir Hérodote, *Enquête* VII, 33 ; IX, 120.

ΣΩ. Λέγω γάρ, καὶ Κόννον γε τὸν Μητροβίου· οὗτοι
236 a γάρ | μοι δύο εἰσὶν διδάσκαλοι, ὁ μὲν μουσικῆς, ἡ δὲ
ῥητορικῆς. οὕτω μὲν οὖν τρεφόμενον ἄνδρα οὐδὲν
θαυμαστὸν δεινὸν εἶναι λέγειν· ἀλλὰ καὶ ὅστις ἐμοῦ κάκιον
ἐπαιδεύθη, μουσικὴν μὲν ὑπὸ Λάμπρου παιδευθείς,
5 ῥητορικὴν δὲ ὑπ᾽ Ἀντιφῶντος τοῦ | Ῥαμνουσίου, ὅμως κἂν
οὗτος οἷός τ᾽ εἴη Ἀθηναίους γε ἐν Ἀθηναίοις ἐπαινῶν
εὐδοκιμεῖν.

ΜΕΝ. Καὶ τί ἂν ἔχοις εἰπεῖν, εἰ δέοι σε λέγειν ;

ΣΩ. Αὐτὸς μὲν παρ᾽ ἐμαυτοῦ ἴσως οὐδέν, Ἀσπασίας δὲ
b | καὶ χθὲς ἠκροώμην περαινούσης ἐπιτάφιον λόγον περὶ
αὐτῶν τούτων. ἤκουσε γὰρ ἅπερ σὺ λέγεις, ὅτι μέλλοιεν
Ἀθηναῖοι αἱρεῖσθαι τὸν ἐροῦντα· ἔπειτα τὰ μὲν ἐκ τοῦ
παραχρῆμά μοι διῄει, οἷα δέοι λέγειν, τὰ δὲ πρότερον
5 ἐσκεμμένη, ὅτε μοι | δοκεῖ συνετίθει τὸν ἐπιτάφιον λόγον
ὃν Περικλῆς εἶπεν, περιλείμματ᾽ ἄττα ἐξ ἐκείνου
συγκολλῶσα.

ΜΕΝ. Ἦ καὶ μνημονεύσαις ἂν ἃ ἔλεγεν ἡ Ἀσπασία ;

ΣΩ. Εἰ μὴ ἀδικῶ γε· ἐμάνθανόν γέ τοι παρ᾽ αὐτῆς, καὶ
c | ὀλίγου πληγὰς ἔλαβον ὅτ᾽ ἐπελανθανόμην.

ΜΕΝ. Τί οὖν οὐ διῆλθες ;

ΣΩ. Ἀλλ᾽ ὅπως μή μοι χαλεπανεῖ ἡ διδάσκαλος, ἂν
ἐξενέγκω αὐτῆς τὸν λόγον. |

Socrate – C'est d'elle que je parle en effet, ainsi que de Connos, fils de Mètrobios. Voilà | mes deux maîtres, **236 a** l'un de musique, l'autre de rhétorique. Rien d'étonnant donc à ce qu'un homme nourri de la sorte soit habile à parler ! Mais n'importe qui, même avec une plus mauvaise éducation que moi, éduqué à la musique par Lampros, à la rhétorique par Antiphon de Rhamnonte, même celui-là serait capable, en louant des Athéniens devant les Athéniens, de se forger une réputation.

Ménexène – Et qu'aurais-tu à dire, s'il te fallait parler ?

Socrate – Moi-même, de mon propre fonds, probablement rien ; mais pas plus tard qu'hier j'écoutais Aspasie | prononcer toute une oraison funèbre à leur sujet[1]. Car **b** elle avait entendu dire ce que tu rapportes toi-même, à savoir que les Athéniens allaient choisir celui qui allait parler. Là-dessus, elle m'exposa sur-le-champ une partie des propos qu'il fallait tenir ; pour le reste, elle y avait préalablement réfléchi – à l'époque, je présume, où elle composa l'oraison funèbre prononcée par Périclès – et c'était des chutes de ce discours-là qu'elle collait ensemble.

Ménexène – Et te rappellerais-tu ce que disait Aspasie ?

Socrate – Si ce n'était pas le cas, je serais en tort : car c'est auprès d'elle que je m'instruisais, | et j'ai bien failli **c** recevoir des coups parce que j'oubliais !

Ménexène – Pourquoi donc ne l'exposes-tu pas ?

Socrate – C'est que je ne voudrais pas que ma maîtresse se fâche contre moi si je divulgue son discours.

---

1. Je lis *autôn toutôn* comme un masculin désignant les Athéniens qui viennent d'être mentionnés et qui sont le sujet de l'oraison funèbre d'Aspasie.

5 ΜΕΝ. Μηδαμῶς, ὦ Σώκρατες, ἀλλ᾽ εἰπέ, καὶ πάνυ μοι χαριῇ, εἴτε Ἀσπασίας βούλει λέγειν εἴτε ὁτουοῦν·ἀλλὰ μόνον εἰπέ.

ΣΩ. Ἀλλ᾽ ἴσως μου καταγελάσῃ, ἄν σοι δόξω πρεσβύτης ὢν ἔτι παίζειν. |

10 ΜΕΝ. Οὐδαμῶς, ὦ Σώκρατες, ἀλλ᾽ εἰπὲ παντὶ τρόπῳ.

ΣΩ. Ἀλλὰ μέντοι σοί γε δεῖ χαρίζεσθαι, ὥστε κἂν
d ὀλίγου, | εἴ με κελεύοις ἀποδύντα ὀρχήσασθαι, χαρισαίμην ἄν, ἐπειδή γε μόνω ἐσμέν. ἀλλ᾽ ἄκουε. ἔλεγε γάρ, ὡς ἐγᾦμαι, ἀρξαμένη λέγειν ἀπ᾽ αὐτῶν τῶν τεθνεώτων οὑτωσί.

Ἔργῳ μὲν ἡμῖν οἵδε ἔχουσιν τὰ προσήκοντα σφίσιν
5 αὐτοῖς, | ὧν τυχόντες πορεύονται τὴν εἱμαρμένην πορείαν, προπεμφθέντες κοινῇ μὲν ὑπὸ τῆς πόλεως, ἰδίᾳ δὲ ὑπὸ τῶν οἰκείων· λόγῳ δὲ δὴ τὸν λειπόμενον κόσμον ὅ τε νόμος
e προστάττει | ἀποδοῦναι τοῖς ἀνδράσιν καὶ χρή. ἔργων γὰρ εὖ πραχθέντων λόγῳ καλῶς ῥηθέντι μνήμη καὶ κόσμος τοῖς πράξασι γίγνεται παρὰ τῶν ἀκουσάντων· δεῖ δὴ τοιούτου τινὸς λόγου ὅστις τοὺς μὲν τετελευτηκότας ἱκανῶς
5 ἐπαινέσεται, τοῖς δὲ ζῶσιν | εὐμενῶς παραινέσεται, ἐκγόνοις μὲν καὶ ἀδελφοῖς μιμεῖσθαι τὴν τῶνδε ἀρετὴν παρακελευόμενος, πατέρας δὲ καὶ μητέρας καὶ εἴ τινες τῶν ἄνωθεν ἔτι προγόνων λείπονται, τούτους δὲ

Ménexène – Ne crains rien, Socrate : parle, et le plaisir que tu me feras sera complet, que ce soit d'Aspasie que tu veuilles rapporter le discours ou de n'importe qui d'autre. Parle, c'est tout !

Socrate – Mais tu vas peut-être te moquer de moi si, vieux comme je suis, je te semble jouer encore à ces jeux-là !

Ménexène – Pas du tout, Socrate ; mais en tout cas, parle !

Socrate – Eh bien, il faut te faire ce plaisir, au point que pour un peu, | si tu m'ordonnais de me déshabiller d pour danser, je te contenterais, d'autant que nous sommes seuls. Écoute donc. Elle parlait, je crois, en commençant son discours par les morts eux-mêmes dans les termes suivants :

« Par nos actes, ces hommes ont reçu les égards qui leur étaient dus, et après les avoir obtenus, ils empruntent la voie à laquelle le sort les a destinés, suivis du cortège commun de la cité et du cortège privé de leurs proches. Pour ce qui est des paroles, l'hommage[1] qu'il reste à leur accorder, la loi prescrit | de le rendre à ces hommes, et il e le faut. Car les belles actions, un beau discours suscite leur mémoire et l'hommage des auditeurs envers ceux qui les ont accomplies. Il est donc besoin d'un discours capable de faire suffisamment l'éloge des morts, de prodiguer de bienveillants conseils aux vivants, en exhortant leurs descendants et leurs frères à imiter leur excellence, et en consolant leurs pères, leurs mères et leurs ancêtres plus

---

1. Le grec dit *kosmon*, terme signifiant aussi « ordre », et « ornement, décoration, parure ».

237 a | παραμυθούμενος. τίς οὖν ἂν ἡμῖν τοιοῦτος λόγος φανείη ;
ἢ πόθεν ἂν ὀρθῶς ἀρξαίμεθα ἄνδρας ἀγαθοὺς ἐπαινοῦντες,
οἳ ζῶντές τε τοὺς ἑαυτῶν ηὔφραινον δι᾽ ἀρετήν, καὶ τὴν
τελευτὴν ἀντὶ τῆς τῶν ζώντων σωτηρίας ἠλλάξαντο ; δοκεῖ
5 μοι χρῆναι | κατὰ φύσιν, ὥσπερ ἀγαθοὶ ἐγένοντο, οὕτω καὶ
ἐπαινεῖν αὐτούς. ἀγαθοὶ δὲ ἐγένοντο διὰ τὸ φῦναι ἐξ
ἀγαθῶν. τὴν εὐγένειαν οὖν πρῶτον αὐτῶν ἐγκωμιάζωμεν,
b δεύτερον δὲ τροφήν | τε καὶ παιδείαν· ἐπὶ δὲ τούτοις τὴν
τῶν ἔργων πρᾶξιν ἐπιδείξωμεν, ὡς καλὴν καὶ ἀξίαν τούτων
ἀπεφήναντο. τῆς δ᾽ εὐγενείας πρῶτον ὑπῆρξε τοῖσδε ἡ
τῶν προγόνων γένεσις οὐκ ἔπηλυς οὖσα, οὐδὲ τοὺς
5 ἐκγόνους τούτους ἀποφηναμένη | μετοικοῦντας ἐν τῇ
χώρᾳ ἄλλοθεν σφῶν ἡκόντων, ἀλλ᾽ αὐτόχθονας καὶ τῷ
ὄντι ἐν πατρίδι οἰκοῦντας καὶ ζῶντας, καὶ τρεφομένους
c οὐχ ὑπὸ μητρυιᾶς ὡς οἱ ἄλλοι, ἀλλ᾽ ὑπὸ | μητρὸς τῆς χώρας
ἐν ᾗ ᾤκουν, καὶ νῦν κεῖσθαι τελευτήσαντας ἐν οἰκείοις
τόποις τῆς τεκούσης καὶ θρεψάσης καὶ ὑποδεξαμένης.
δικαιότατον δὴ κοσμῆσαι πρῶτον τὴν μητέρα αὐτήν· οὕτω
γὰρ συμβαίνει ἅμα καὶ ἡ τῶνδε εὐγένεια κοσμουμένη.
5 | Ἔστι δὲ ἀξία ἡ χώρα καὶ ὑπὸ πάντων ἀνθρώπων ἐπαινεῖσθαι,
οὐ μόνον ὑφ᾽ ἡμῶν, πολλαχῇ μὲν καὶ ἄλλη, πρῶτον δὲ καὶ
μέγιστον ὅτι τυγχάνει οὖσα θεοφιλής. μαρτυρεῖ δὲ ἡμῶν
τῷ λόγῳ ἡ τῶν ἀμφισβητησάντων περὶ αὐτῆς θεῶν
d | ἔρις τε καὶ κρίσις· ἣν δὴ θεοὶ ἐπήνεσαν, πῶς

lointains, s'il leur en reste encore. | Quel discours nous 237 a
apparaîtrait, qui fût ainsi ? Par où commencer comme il
se doit l'éloge d'hommes braves [1] qui, tant qu'ils vivaient,
réjouissaient leurs proches par leur excellence, et qui en
l'échange de leur mort obtinrent le salut des vivants ? Il
faut, me semble-t-il, se conformer à la nature : ils étaient
braves, et c'est donc ainsi qu'il faut faire leur éloge. Or ils
furent braves parce qu'ils étaient nés de gens braves.
Célébrons donc d'abord leur bonne naissance, et ensuite
la façon dont ils furent nourris | et leur éducation. Après b
quoi, faisons voir qu'en accomplissant leurs exploits, ils
firent montre d'une conduite belle et digne de ces avantages.
La bonne naissance de ces hommes a d'abord tenu à l'origine
de leurs ancêtres : car celle-ci ne fut pas étrangère et ne fit
pas de ses descendants des métèques dans la contrée où
leurs ancêtres, venus d'ailleurs, seraient arrivés, mais des
autochtones qui, habitant et vivant véritablement dans une
patrie, et nourris non par une marâtre, comme les autres,
mais par | la mère contrée sur laquelle ils habitaient, reposent c
aujourd'hui, morts, sur les lieux familiers de celle qui les
mit au monde, les nourrit et les accueillit en elle. Rien n'est
donc plus juste que de rendre d'abord hommage à cette
mère elle-même ; car du même coup, il se trouve qu'on
rend aussi hommage à la bonne naissance de ces hommes.
Cette contrée mérite les louanges de tous les hommes, et
pas seulement les nôtres, pour bien des raisons, dont la
première et la plus importante est qu'elle est aimée des
dieux. Témoignent en faveur de nos dires | la querelle d

---

1. Je traduis *agathos* soit par « brave » soit par « bon » selon les
contextes.

οὐχ ὑπ' ἀνθρώπων γε συμπάντων δικαία ἐπαινεῖσθαι ;
δεύτερος δὲ ἔπαινος δικαίως ἂν αὐτῆς εἴη, ὅτι ἐν ἐκείνῳ
τῷ χρόνῳ, ἐν ᾧ ἡ πᾶσα γῆ ἀνεδίδου καὶ ἔφυε ζῷα παντοδαπά,
5 θηρία τε καὶ βοτά, | ἐν τούτῳ ἡ ἡμετέρα θηρίων μὲν ἀγρίων
ἄγονος καὶ καθαρὰ ἐφάνη, ἐξελέξατο δὲ τῶν ζῴων καὶ
ἐγέννησεν ἄνθρωπον, ὃ συνέσει τε ὑπερέχει τῶν ἄλλων
e καὶ δίκην καὶ θεοὺς μόνον | νομίζει. μέγα δὲ τεκμήριον
τούτῳ τῷ λόγῳ, ὅτι ἥδε ἔτεκεν ἡ γῆ τοὺς τῶνδέ τε καὶ
ἡμετέρους προγόνους. πᾶν γὰρ τὸ τεκὸν τροφὴν ἔχει
ἐπιτηδείαν ᾧ ἂν τέκῃ, ᾧ καὶ γυνὴ δήλη τεκοῦσά τε ἀληθῶς
5 καὶ μή, ἀλλ᾽ ὑποβαλλομένη, ἐὰν μὴ ἔχῃ | πηγὰς τροφῆς
τῷ γεννωμένῳ. ὃ δὴ καὶ ἡ ἡμετέρα γῆ τε καὶ μήτηρ ἱκανὸν
τεκμήριον παρέχεται ὡς ἀνθρώπους γεννησαμένη· μόνη
238 a γὰρ ἐν τῷ τότε καὶ πρώτη τροφὴν ἀνθρωπείαν | ἤνεγκεν
τὸν τῶν πυρῶν καὶ κριθῶν καρπόν, ᾧ κάλλιστα καὶ ἄριστα
τρέφεται τὸ ἀνθρώπειον γένος, ὡς τῷ ὄντι τοῦτο τὸ ζῷον
αὐτὴ γεννησαμένη. μᾶλλον δὲ ὑπὲρ γῆς ἢ γυναικὸς

qui opposa des dieux à son sujet et le jugement qui fut
rendu. Puisque des dieux lui ont décerné des éloges,
comment ne serait-il pas juste qu'elle s'en voie décerner
par toute l'humanité ? Un second motif de louange lui
serait dû à juste titre : en ces temps reculés où toute la terre
produisait et faisait croître des animaux de toutes sortes,
des bêtes féroces aussi bien que des troupeaux[1], en ces
temps-là, notre contrée s'est montrée pure et vierge de
bêtes sauvages féroces[2], et parmi les animaux, elle a choisi
pour elle et engendré l'homme, que sa sagacité élève
au-dessus des autres animaux et qui est le seul à croire en
une justice et en des dieux. | Voici une preuve de poids à   **e**
l'appui de la thèse que cette terre a mis au monde les
ancêtres de ces morts, qui sont aussi les nôtres. En
effet, tout être qui a enfanté dispose d'une nourriture
appropriée à son enfant, et c'est par là que se distingue
clairement la femme qui a vraiment enfanté de celle dont
ce n'est pas le cas mais qui prétend être mère : si elle ne
dispose pas de sources de nourriture pour le nouveau-né.
Or celle qui est à la fois notre terre et notre mère nous
apporte là une preuve suffisante qu'elle a engendré des
hommes : elle était en effet à cette époque la seule et la
première à porter comme nourriture humaine | le fruit du   **238 a**
blé et de l'orge, qui procure la plus belle et la meilleure
des nourritures au genre humain, preuve qu'elle a
réellement engendré elle-même cet être vivant. Or c'est

1. Les traductions françaises rendent le plus souvent *bota* par
« plantes », alors que ce terme (*to boton*) ne peut signifier que « bête
d'un troupeau ». Sur les raisons possibles de ce contresens, voir N. Loraux,
« La mère, la femme, la terre : de Platon à Bachofen et au-delà », *Kentron*
9, 1993, p. 54, note 26.
    2. La redondance est intentionnelle ; les deux adjectifs ne sont pas
coordonnés en grec.

προσήκει δέχεσθαι τοιαῦτα τεκμήρια· οὐ γὰρ γῆ γυναῖκα
5 | μεμίμηται κυήσει καὶ γεννήσει, ἀλλὰ γυνὴ γῆν. τούτου
δὲ τοῦ καρποῦ οὐκ ἐφθόνησεν, ἀλλ᾿ ἔνειμεν καὶ τοῖς ἄλλοις.
μετὰ δὲ τοῦτο ἐλαίου γένεσιν, πόνων ἀρωγήν, ἀνῆκεν τοῖς
b | ἐκγόνοις· θρεψαμένη δὲ καὶ αὐξήσασα πρὸς ἥβην ἄρχοντας
καὶ διδασκάλους αὐτῶν θεοὺς ἐπηγάγετο· ὧν τὰ μὲν
ὀνόματα πρέπει ἐν τῷ τοιῷδε ἐᾶν—ἴσμεν γάρ—οἳ τὸν βίον
ἡμῶν κατεσκεύασαν πρός τε τὴν καθ᾿ ἡμέραν δίαιταν,
5 τέχνας πρώ-| τους παιδευσάμενοι, καὶ πρὸς τὴν ὑπὲρ τῆς
χώρας φυλακὴν ὅπλων κτῆσίν τε καὶ χρῆσιν διδαξάμενοι.
   Γεννηθέντες δὲ καὶ παιδευθέντες οὕτως οἱ τῶνδε
πρόγονοι ᾤκουν πολιτείαν κατασκευασάμενοι, ἧς ὀρθῶς
c ἔχει διὰ βρα-| χέων ἐπιμνησθῆναι. πολιτεία γὰρ τροφὴ
ἀνθρώπων ἐστίν, καλὴ μὲν ἀγαθῶν, ἡ δὲ ἐναντία κακῶν.
ὡς οὖν ἐν καλῇ πολιτείᾳ ἐτράφησαν οἱ πρόσθεν ἡμῶν,
ἀναγκαῖον δηλῶσαι, δι᾿ ἣν δὴ κἀκεῖνοι ἀγαθοὶ καὶ οἱ νῦν
5 εἰσιν, ὧν οἵδε τυγχάνουσιν | ὄντες οἱ τετελευτηκότες. ἡ
γὰρ αὐτὴ πολιτεία καὶ τότε ἦν καὶ νῦν, ἀριστοκρατία, ἐν
ᾗ νῦν τε πολιτευόμεθα καὶ τὸν ἀεὶ χρόνον ἐξ ἐκείνου ὡς
d τὰ πολλά. καλεῖ δὲ ὁ μὲν αὐτὴν | δημοκρατίαν, ὁ δὲ ἄλλο,
ᾧ ἂν χαίρῃ, ἔστι δὲ τῇ ἀληθείᾳ μετ᾿ εὐδοξίας πλήθους
ἀριστοκρατία. βασιλῆς μὲν γὰρ ἀεὶ ἡμῖν εἰσιν·

davantage à propos de la terre qu'à propos de la femme qu'il convient d'accepter de telles preuves : car ce n'est pas la terre qui a imité la femme pour la conception et la génération, mais la femme qui a imité la terre. Et ce fruit-là, elle ne le garda pas jalousement mais le distribua aussi aux autres hommes. Ensuite, c'est l'huile, ce baume qui soulage les peines, qu'elle produisit pour leurs | descendants ; **b** après les avoir nourris et fait croître jusqu'à la jeunesse, elle invita des dieux à les diriger et à les instruire ; les noms de ces dieux, il convient de ne pas les mentionner en pareil moment [car nous les connaissons] [1] : ce sont eux qui ont organisé notre vie aussi bien pour le quotidien, en nous éduquant nous les premiers aux techniques, que pour la défense de notre contrée, en nous apprenant l'acquisition et l'usage des armes. Mis au monde et éduqués de la sorte, les ancêtres de ces hommes vivaient sous le régime politique qu'ils avaient organisé, et qu'il convient de se remettre en mémoire brièvement |. Un régime politique **c** est en effet la nourriture des hommes : beau, il les rend bons, dans le cas contraire, mauvais. Que c'est donc dans un beau régime qu'ont été nourris nos prédécesseurs, il est nécessaire de le faire voir : c'est bien grâce à lui que ces hommes furent braves et que le sont ceux d'aujourd'hui, au nombre desquels figurent les morts que nous célébrons. Car était alors en vigueur le même régime qu'aujourd'hui, une aristocratie, régime sous lequel nous vivons à présent et avons vécu continuellement depuis ce temps-là, la plupart du temps. Celui-ci l'appelle | démocratie, **d** celui-là d'un autre nom qui lui plaît, mais c'est en vérité une aristocratie avec l'approbation du grand nombre. Des rois en effet, nous en avons toujours [2] :

---

1. Sans doute une interpolation.
2. Référence à l'archonte-roi, dont les fonctions sont religieuses, et peut-être aussi à l'ensemble des archontes.

οὗτοι δὲ τοτὲ μὲν ἐκ γένους, τοτὲ δὲ αἱρετοί· ἐγκρατὲς δὲ
5 τῆς πόλεως τὰ πολλὰ τὸ πλῆθος, τὰς δὲ ἀρχὰς δίδωσι | καὶ
κράτος τοῖς ἀεὶ δόξασιν ἀρίστοις εἶναι, καὶ οὔτε ἀσθενείᾳ
οὔτε πενίᾳ οὔτ᾽ ἀγνωσίᾳ πατέρων ἀπελήλαται οὐδεὶς οὐδὲ
τοῖς ἐναντίοις τετίμηται, ὥσπερ ἐν ἄλλαις πόλεσιν, ἀλλὰ
εἷς ὅρος, ὁ δόξας σοφὸς ἢ ἀγαθὸς εἶναι κρατεῖ καὶ ἄρχει.
e | αἰτία δὲ ἡμῖν τῆς πολιτείας ταύτης ἡ ἐξ ἴσου γένεσις. αἱ
μὲν γὰρ ἄλλαι πόλεις ἐκ παντοδαπῶν κατεσκευασμέναι
ἀνθρώπων εἰσὶ καὶ ἀνωμάλων, ὥστε αὐτῶν ἀνώμαλοι καὶ
αἱ πολιτεῖαι, τυραννίδες τε καὶ ὀλιγαρχίαι· οἰκοῦσιν οὖν
5 ἔνιοι μὲν δούλους, | οἱ δὲ δεσπότας ἀλλήλους νομίζοντες·
239 a ἡμεῖς δὲ καὶ οἱ ἡμέτεροι, | μιᾶς μητρὸς πάντες ἀδελφοὶ
φύντες, οὐκ ἀξιοῦμεν δοῦλοι οὐδὲ δεσπόται ἀλλήλων εἶναι,
ἀλλ᾽ ἡ ἰσογονία ἡμᾶς ἡ κατὰ φύσιν ἰσονομίαν ἀναγκάζει
ζητεῖν κατὰ νόμον, καὶ μηδενὶ ἄλλῳ ὑπείκειν ἀλλήλοις ἢ
ἀρετῆς δόξῃ καὶ φρονήσεως. |
5   Ὅθεν δὴ ἐν πάσῃ ἐλευθερίᾳ τεθραμμένοι οἱ τῶνδέ τε
πατέρες[1] καὶ οἱ ἡμέτεροι καὶ αὐτοὶ οὗτοι, καὶ καλῶς φύντες,
πολλὰ δὴ καὶ καλὰ ἔργα ἀπεφήναντο εἰς πάντας ἀνθρώπους
b | καὶ ἰδίᾳ καὶ δημοσίᾳ, οἰόμενοι δεῖν ὑπὲρ τῆς ἐλευθερίας
καὶ Ἕλλησιν ὑπὲρ Ἑλλήνων μάχεσθαι καὶ βαρβάροις ὑπὲρ
ἁπάντων τῶν Ἑλλήνων. Εὐμόλπου μὲν οὖν καὶ Ἀμαζόνων
ἐπιστρατευσάντων ἐπὶ τὴν χώραν καὶ τῶν ἔτι προτέρων

---

1. a5 τῶνδέ τε F Méridier Tsitsiridis : τῶνδέ γε Burnet om. TW

ils doivent leur titre tantôt à leur origine, tantôt à une élection. Mais dans notre cité, l'essentiel du pouvoir appartient au grand nombre, qui donne les charges et le pouvoir à ceux qui lui semblent toujours être les meilleurs ; et ni la faiblesse, ni la pauvreté, ni l'obscurité de ses parents ne sont pour personne des motifs d'exclusion, et personne n'a davantage droit à des honneurs pour les motifs contraires, comme dans d'autres cités. La seule et unique règle, c'est que celui qui semble sage ou bon exerce le pouvoir et dirige. | La cause de ce régime politique est l'égalité de e notre origine. Les autres cités sont en effet formées d'hommes de toutes sortes et divers par leur condition, de sorte que cette diversité de condition se retrouve aussi à l'intérieur de leurs régimes politiques, tyrannies ou oligarchies. Ceux qui y habitent considèrent ainsi, pour quelques-uns d'entre eux, les autres comme des esclaves, et les autres regardent les premiers comme des maîtres. Mais nous et les nôtres, | tous frères nés d'une seule et 239 a même mère, nous ne nous jugeons pas esclaves et pas davantage maîtres les uns des autres : notre égalité d'origine selon la nature nous contraint à rechercher l'égalité politique selon la loi, et à ne céder qu'à celui qui semble posséder l'excellence et l'intelligence.

Voilà donc pourquoi les pères de ces morts, qui sont aussi les nôtres, et ces morts eux-mêmes, nourris dans une totale liberté et doués d'une belle nature, produisirent tant de belles actions aux yeux de toute l'humanité, | en privé b comme en public, pensant qu'il était de leur devoir, au nom de la liberté, de se battre à la fois contre des Grecs pour défendre des Grecs, et contre des Barbares pour défendre l'ensemble des Grecs. Ainsi, quand Eumolpe et les Amazones marchèrent contre notre contrée, et d'autres

5 ὡς | ἠμύναντο, καὶ ὡς ἤμυναν Ἀργείοις πρὸς Καδμείους
καὶ Ἡρακλείδαις πρὸς Ἀργείους, ὅ τε χρόνος βραχὺς ἀξίως
διηγήσασθαι, ποιηταί τε αὐτῶν ἤδη καλῶς τὴν ἀρετὴν ἐν
μουσικῇ ὑμνήσαντες εἰς πάντας μεμηνύκασιν· ἐὰν οὖν
c ἡμεῖς | ἐπιχειρῶμεν τὰ αὐτὰ λόγῳ ψιλῷ κοσμεῖν, τάχ᾽ ἂν
δεύτεροι φαινοίμεθα. ταῦτα μὲν οὖν διὰ ταῦτα δοκεῖ μοι
ἐᾶν, ἐπειδὴ καὶ ἔχει τὴν ἀξίαν· ὧν δὲ οὔτε ποιητής πω δόξαν
ἀξίαν ἐπ᾽ ἀξίοις λαβὼν ἔχει ἔτι τέ ἐστιν ἐν μνηστείᾳ[1],
5 τούτων πέρι μοι | δοκεῖ χρῆναι ἐπιμνησθῆναι ἐπαινοῦντά
τε καὶ προμνώμενον ἄλλοις ἐς ᾠδάς τε καὶ τὴν ἄλλην
ποίησιν αὐτὰ θεῖναι πρεπόντως τῶν πραξάντων. ἔστιν δὲ
d τούτων ὧν λέγω | πρῶτα· Πέρσας ἡγουμένους τῆς Ἀσίας
καὶ δουλουμένους τὴν Εὐρώπην ἔσχον οἱ τῆσδε τῆς χώρας
ἔκγονοι, γονῆς δὲ ἡμέτεροι, ὧν καὶ δίκαιον καὶ χρὴ πρῶτον
μεμνημένους ἐπαινέσαι αὐτῶν τὴν ἀρετήν. δεῖ δὴ αὐτὴν
5 ἰδεῖν, εἰ μέλλει τις καλῶς | ἐπαινεῖν, ἐν ἐκείνῳ τῷ χρόνῳ
γενόμενον λόγῳ, ὅτε πᾶσα μὲν ἡ Ἀσία ἐδούλευε τρίτῳ ἤδη
βασιλεῖ, ὧν ὁ μὲν πρῶτος Κῦρος ἐλευθερώσας Πέρσας
e τοὺς αὑτοῦ πολίτας τῷ αὑτοῦ φρονήματι | ἅμα καὶ τοὺς

---

1. c4 ἐν μνηστείᾳ TW Méridier Tsitsiridis : ἐν ἀμνηστίᾳ F Burnet

encore avant eux, la manière dont ils se portèrent à sa
défense et comment ils portèrent secours aux Argiens
contre les Cadméens et aux Héraclides contre les Argiens,
le temps est trop court pour que je le raconte dignement,
et des poètes ont déjà admirablement célébré [1] en musique
leur excellence et l'ont portée [2] à la connaissance de tous.
Si donc nous | entreprenions nous aussi de rendre hommage   c
à ces mêmes faits par une parole à l'état brut, peut-être
paraîtrions-nous ne mériter que la seconde place. Aussi
me semblent-ils pouvoir être laissés de côté, puisqu'ils ont
déjà reçu le prix de leur valeur. Mais ceux dont nul poète
n'a encore tiré de réputation digne de dignes actions et qui
sont encore à briguer, ceux-là, en ce qui les concerne, je
crois qu'il me faut en rappeler le souvenir en en faisant
l'éloge et en m'en faisant l'entremetteuse auprès d'autres,
pour qu'ils en fassent le sujet de leurs chants et de toute
autre composition poétique, avec toute la dignité qui
convient à ceux qui les ont accomplis. Des exploits dont
je parle, | voici les premiers : les Perses, qui étaient maîtres   d
de l'Asie et asservissaient l'Europe, ce sont les descendants
de cette contrée qui les arrêtèrent, nos pères à nous, dont
il est juste et nécessaire de rappeler le souvenir en
commençant par faire l'éloge de leur excellence. Il faut la
voir, si l'on veut en faire un bel éloge, en se transportant
par la parole à cette époque où l'Asie entière, pour la
troisième fois déjà, était asservie par un roi dont le premier,
Cyrus, après avoir rendu leur liberté aux Perses, avait dans
son arrogance asservi à la fois ses concitoyens| et leurs   e

1. *Humnô* signifie « chanter en vers » mais aussi « vanter, avoir sans
cesse à la bouche ».
2. Il y a dans cette phrase tout un jeu d'allitérations et d'assonances
entre *emunanto*, *èmunan* (« se porter à la défense de », « porter secours »),
et *memènukasin* (« porter à la connaissance de »).

δεσπότας Μήδους ἐδουλώσατο καὶ τῆς ἄλλης Ἀσίας μέχρι
Αἰγύπτου ἦρξεν, ὁ δὲ ὑὸς Αἰγύπτου τε καὶ Λιβύης ὅσον
οἷόν τ' ἦν ἐπιβαίνειν, τρίτος δὲ Δαρεῖος πεζῇ μὲν μέχρι
240 a Σκυθῶν τὴν ἀρχὴν ὡρίσατο, ναυσὶ δὲ τῆς τε | θαλάττης
ἐκράτει καὶ τῶν νήσων, ὥστε μηδὲ ἀξιοῦν ἀντίπαλον αὐτῷ
μηδένα εἶναι· αἱ δὲ γνῶμαι δεδουλωμέναι ἁπάντων
ἀνθρώπων ἦσαν· οὕτω πολλὰ καὶ μεγάλα καὶ μάχιμα γένη
καταδεδουλωμένη ἦν ἡ Περσῶν ἀρχή. αἰτιασάμενος δὲ
5 | Δαρεῖος ἡμᾶς τε καὶ Ἐρετριᾶς, Σάρδεσιν ἐπιβουλεῦσαι
προφασιζόμενος, πέμψας μυριάδας μὲν πεντήκοντα ἔν τε
πλοίοις καὶ ναυσίν, ναῦς δὲ τριακοσίας, Δᾶτιν δὲ ἄρχοντα,
εἶπεν ἥκειν ἄγοντα Ἐρετριᾶς καὶ Ἀθηναίους, εἰ βούλοιτο
b τὴν | ἑαυτοῦ κεφαλὴν ἔχειν· ὁ δὲ πλεύσας εἰς Ἐρέτριαν ἐπ'
ἄνδρας οἳ τῶν τότε Ἑλλήνων ἐν τοῖς εὐδοκιμώτατοι ἦσαν
τὰ πρὸς τὸν πόλεμον καὶ οὐκ ὀλίγοι, τούτους ἐχειρώσατο
μὲν ἐν τρισὶν ἡμέραις, διηρευνήσατο δὲ αὐτῶν πᾶσαν τὴν
5 χώραν, | ἵνα μηδεὶς ἀποφύγοι, τοιούτῳ τρόπῳ· ἐπὶ τὰ ὅρια
ἐλθόντες τῆς Ἐρετρικῆς οἱ στρατιῶται αὐτοῦ, ἐκ θαλάττης
εἰς θάλατταν διαστάντες, συνάψαντες τὰς χεῖρας διῆλθον
c ἅπασαν τὴν | χώραν, ἵν' ἔχοιεν τῷ βασιλεῖ εἰπεῖν ὅτι οὐδεὶς
σφᾶς ἀποπεφευγὼς εἴη. τῇ δ' αὐτῇ διανοίᾳ κατηγάγοντο
ἐξ Ἐρετρίας εἰς Μαραθῶνα, ὡς ἕτοιμόν σφισιν ὂν καὶ
Ἀθηναίους ἐν τῇ αὐτῇ ταύτῃ ἀνάγκῃ ζεύξαντας
5 Ἐρετριεῦσιν ἄγειν. τούτων | δὲ τῶν μὲν πραχθέντων, τῶν
δ' ἐπιχειρουμένων οὔτ' Ἐρετριεῦσιν ἐβοήθησεν Ἑλλήνων
οὐδεὶς οὔτε Ἀθηναίοις πλὴν Λακεδαιμονίων – οὗτοι δὲ τῇ

maîtres les Mèdes, et pris les commandes du reste de l'Asie
jusqu'en Égypte ; son fils [1] avait pris celles de l'Égypte et
de la Libye aussi loin qu'il put y pénétrer ; et le troisième,
Darius, étendit sur terre les frontières de son commandement
jusqu'au pays des Scythes, tandis qu'avec sa flotte, | il se   240 a
rendit maître de la mer et des îles, au point que personne
ne s'estimait capable de lui tenir tête. L'esprit de tous les
hommes était réduit en esclavage, tant il y avait de peuples
grands et belliqueux asservis au pouvoir des Perses. Or
Darius nous accusa, nous et les Érétriens, de comploter
contre Sardes. Sous ce prétexte, il envoya cinq cent mille
hommes sur des bateaux de transport et des navires de
guerre, et trois cents navires de guerre sous le commandement
de Datis, avec pour mission de ramener les Érétriens et les
Athéniens s'il voulait | conserver sa tête. Ce dernier fit   b
donc voile vers Érétrie contre des hommes qui, des Grecs
de l'époque, étaient parmi les plus réputés pour ce qui
touche à la guerre et n'étaient pas peu nombreux ; il les
soumit en trois jours, et afin que nul ne leur échappât, il
fit battre toute leur contrée de la façon suivante : arrivés
aux frontières d'Érétrie, ses soldats, déployés d'une mer
à l'autre, parcoururent toute la contrée en se tenant par la
main, | afin de pouvoir dire au Grand Roi que personne ne   c
leur avait échappé. Animés de la même intention, ils
débarquèrent d'Érétrie à Marathon, croyant qu'il leur serait
facile aussi de ramener les Athéniens en les forçant à se
soumettre au même joug que les Érétriens. Tandis que ces
entreprises étaient, l'une accomplie, l'autre sur le point de
l'être, personne parmi les Grecs ne vînt au secours
ni des Érétriens ni des Athéniens, à l'exception des
Lacédémoniens – encore n'arrivèrent-ils qu'au lendemain

1. Cambyse.

ὑστεραίᾳ τῆς μάχης ἀφίκοντο – οἱ δ᾽ ἄλλοι πάντες
d ἐκπεπληγμένοι, ἀγαπῶντες τὴν | ἐν τῷ παρόντι σωτηρίαν,
ἡσυχίαν ἦγον. ἐν τούτῳ δὴ ἄν τις γενόμενος γνοίη οἷοι
ἄρα ἐτύγχανον ὄντες τὴν ἀρετὴν οἱ Μαραθῶνι δεξάμενοι
τὴν τῶν βαρβάρων δύναμιν καὶ κολασάμενοι τὴν
ὑπερηφανίαν ὅλης τῆς Ἀσίας καὶ πρῶτοι στήσαντες
5 | τρόπαια τῶν βαρβάρων, ἡγεμόνες καὶ διδάσκαλοι τοῖς
ἄλλοις γενόμενοι ὅτι οὐκ ἄμαχος εἴη ἡ Περσῶν δύναμις,
ἀλλὰ πᾶν πλῆθος καὶ πᾶς πλοῦτος ἀρετῇ ὑπείκει. ἐγὼ μὲν
e οὖν ἐκείνους | τοὺς ἄνδρας φημὶ οὐ μόνον τῶν σωμάτων
τῶν ἡμετέρων πατέρας εἶναι, ἀλλὰ καὶ τῆς ἐλευθερίας
τῆς τε ἡμετέρας καὶ συμπάντων τῶν ἐν τῇδε τῇ ἠπείρῳ·
εἰς ἐκεῖνο γὰρ τὸ ἔργον ἀποβλέψαντες καὶ τὰς ὑστέρας
5 μάχας ἐτόλμησαν διακινδυ- | νεύειν οἱ Ἕλληνες ὑπὲρ τῆς
σωτηρίας, μαθηταὶ τῶν Μαραθῶνι γενόμενοι. τὰ μὲν οὖν
241 a ἀριστεῖα τῷ λόγῳ ἐκείνοις ἀνα- | θετέον, τὰ δὲ δευτερεῖα
τοῖς περὶ Σαλαμῖνα καὶ ἐπ᾽ Ἀρτεμισίῳ ναυμαχήσασι
καὶ νικήσασι. καὶ γὰρ τούτων τῶν ἀνδρῶν πολλὰ μὲν ἄν
τις ἔχοι διελθεῖν, καὶ οἷα ἐπιόντα ὑπέμειναν κατά τε
γῆν καὶ κατὰ θάλατταν, καὶ ὡς ἠμύναντο ταῦτα·
ὃ δέ μοι δοκεῖ καὶ ἐκείνων κάλλιστον εἶναι, τούτου μνησθή-
5 | σομαι, ὅτι τὸ ἑξῆς ἔργον τοῖς Μαραθῶνι διεπράξαντο.
οἱ μὲν γὰρ Μαραθῶνι τοσοῦτον μόνον ἐπέδειξαν τοῖς
b Ἕλλησιν, ὅτι | κατὰ γῆν οἷόν τε ἀμύνασθαι τοὺς βαρβάρους
ὀλίγοις πολλούς, ναυσὶ δὲ ἔτι ἦν ἄδηλον καὶ δόξαν εἶχον
Πέρσαι ἄμαχοι εἶναι κατὰ θάλατταν καὶ πλήθει καὶ πλούτῳ

de la bataille ; tous les autres, frappés de peur et tout à la joie de | leur sécurité présente, se tenaient tranquilles. Ah, **d** si l'on pouvait y être, on saurait vraiment ce qu'était l'excellence de ceux qui reçurent à Marathon l'assaut des Barbares, châtièrent la morgue de l'Asie entière, et furent les premiers à ériger un trophée ravi aux Barbares ! Ils ouvrirent la voie aux autres et leur enseignèrent que la puissance des Perses n'était pas invincible, et que tout le nombre qu'on voudra et toute la richesse du monde s'inclinent face à l'excellence. Aussi en ce qui me concerne, | je le déclare, ces hommes sont les pères non seulement **e** de nos personnes physiques mais aussi de notre liberté et de celle de tous les hommes de ce continent[1] ; car c'est avec le regard tourné vers cet exploit que, les batailles ultérieures, les Grecs osèrent les risquer pour leur salut, pour avoir été à l'école des hommes de Marathon. Le premier prix, c'est donc à eux que notre discours doit l'attribuer ; | le second, à ceux qui prirent part aux batailles **241 a** navales de Salamine et d'Artémision et en sortirent vainqueurs. Car de ces hommes-là aussi il y aurait beaucoup à raconter : quelles attaques ils soutinrent sur terre comme sur mer et comment ils les repoussèrent. Mais ce qui me semble le plus beau chez eux, je le rappellerai en disant qu'ils ont continué et achevé l'œuvre des hommes de Marathon. Car ceux de Marathon s'étaient bornés à montrer aux Grecs que | sur terre, il était possible de repousser les **b** Barbares sans nombre avec une poignée d'hommes, alors qu'avec des navires le résultat était encore incertain, et les Perses passaient pour être invincibles sur mer en raison de leur nombre, de leur richesse, de leur savoir-faire et de

---

1. L'Europe.

καὶ τέχνῃ καὶ ῥώμῃ· τοῦτο δὴ ἄξιον ἐπαινεῖν τῶν ἀνδρῶν
5 τῶν τότε ναυμαχησάντων, | ὅτι τὸν ἐχόμενον φόβον
διέλυσαν τῶν Ἑλλήνων καὶ ἔπαυσαν φοβουμένους πλῆθος
νεῶν τε καὶ ἀνδρῶν. ὑπ' ἀμφοτέρων δὴ συμβαίνει, τῶν τε
c Μαραθῶνι μαχεσαμένων καὶ τῶν ἐν | Σαλαμῖνι
ναυμαχησάντων, παιδευθῆναι τοὺς ἄλλους Ἕλληνας, ὑπὸ
μὲν τῶν κατὰ γῆν, ὑπὸ δὲ τῶν κατὰ θάλατταν μαθόντας
καὶ ἐθισθέντας μὴ φοβεῖσθαι τοὺς βαρβάρους. τρίτον δὲ
5 λέγω τὸ ἐν Πλαταιαῖς ἔργον καὶ ἀριθμῷ καὶ ἀρετῇ | γενέσθαι
τῆς Ἑλληνικῆς σωτηρίας, κοινὸν ἤδη τοῦτο Λακεδαιμονίων
τε καὶ Ἀθηναίων. τὸ μὲν οὖν μέγιστον καὶ χαλεπώτατον
οὗτοι πάντες ἤμυναν¹, καὶ διὰ ταύτην τὴν ἀρετὴν νῦν τε
d ὑφ' ἡμῶν ἐγκωμιάζονται καὶ εἰς τὸν ἔπειτα | χρόνον ὑπὸ
τῶν ὕστερον· μετὰ δὲ τοῦτο πολλαὶ μὲν πόλεις τῶν Ἑλλήνων
ἔτι ἦσαν μετὰ τοῦ βαρβάρου, αὐτὸς δὲ ἠγγέλλετο βασιλεὺς
διανοεῖσθαι ὡς ἐπιχειρήσων πάλιν ἐπὶ τοὺς Ἕλληνας.
5 δίκαιον δὴ καὶ τούτων ἡμᾶς ἐπιμνησθῆναι, | οἳ τοῖς τῶν
προτέρων ἔργοις τέλος τῆς σωτηρίας ἐπέθεσαν
ἀνακαθηράμενοι καὶ ἐξελάσαντες πᾶν τὸ βάρβαρον ἐκ
τῆς θαλάττης. ἦσαν δὲ οὗτοι οἵ τε ἐπ' Εὐρυμέδοντι
e ναυμαχή- | σαντες καὶ οἱ εἰς Κύπρον στρατεύσαντες καὶ
οἱ εἰς Αἴγυπτον πλεύσαντες καὶ ἄλλοσε πολλαχόσε, ὧν
χρὴ μεμνῆσθαι καὶ χάριν αὐτοῖς εἰδέναι, ὅτι βασιλέα
ἐποίησαν δείσαντα τῇ ἑαυτοῦ σωτηρίᾳ τὸν νοῦν προσέχειν
5 ἀλλὰ μὴ τῇ τῶν Ἑλ- | λήνων ἐπιβουλεύειν φθορᾷ.
   Καὶ οὗτος μὲν δὴ πάσῃ τῇ πόλει διηντλήθη ὁ πόλεμος
242 a ὑπὲρ | ἑαυτῶν τε καὶ τῶν ἄλλων ὁμοφώνων πρὸς τοὺς
βαρβάρους· εἰρήνης δὲ γενομένης καὶ τῆς πόλεως

---

1. c7 ἤμυναν TW Méridier Tsitsiridis : ἠμύναντο F Burnet

leur force. Ce qui mérite donc d'être loué chez ces hommes qui combattirent alors sur mer, c'est qu'ils dissipèrent chez les Grecs ce second motif de crainte, et qu'ils mirent un terme à la crainte que ces derniers éprouvaient face au grand nombre, qu'il s'agisse de navires ou d'hommes. Par conséquent, ces deux groupes, ceux qui combattirent à Marathon et ceux qui prirent part aux | batailles navales à c Salamine, firent l'éducation des autres Grecs : sur terre comme sur mer, ils leur apprirent et les habituèrent à ne pas craindre les Barbares. Le troisième haut fait par le nombre et par l'excellence qui assura à la Grèce son salut, j'affirme que ce fut celui de Platées, commun cette fois aux Lacédémoniens et aux Athéniens. Le plus grand et le plus terrible danger, ils le repoussèrent tous ensemble, et leur excellence leur vaut aujourd'hui nos éloges comme elle leur vaudra à l'avenir | ceux de la postérité. Mais après d ces événements, bien des cités grecques étaient encore aux côtés du Barbare, et l'on annonçait que le Grand Roi lui-même projetait une nouvelle entreprise contre les Grecs. Aussi est-il juste que nous nous remettions en mémoire ceux qui menèrent à son terme l'œuvre de salut initiée par les exploits de leurs devanciers en purifiant et en débarrassant la mer de tout élément barbare. Je fais référence aux combattants sur mer de l'Eurymédon, | aux soldats en e campagne contre Chypre, à ceux qui cinglèrent vers l'Égypte et bien d'autres destinations : il faut en rappeler le souvenir et leur être reconnaissant d'avoir amené le Grand Roi à avoir peur et à se concentrer sur son propre salut au lieu de tramer la ruine des Grecs.

Notre cité tout entière soutint donc jusqu'au bout cette guerre contre les Barbares, | pour son propre salut et celui 242 a des peuples de même langue. Mais une fois la paix conclue et alors que notre cité était dans sa gloire, voilà

τιμωμένης ἦλθεν ἐπ' αὐτήν, ὃ δὴ φιλεῖ ἐκ τῶν ἀνθρώπων τοῖς εὖ πράττουσι προσπίπτειν, πρῶτον μὲν ζῆλος, ἀπὸ
5 ζήλου δὲ φθόνος· ὃ καὶ | τήνδε τὴν πόλιν ἄκουσαν ἐν πολέμῳ τοῖς Ἕλλησι κατέστησεν. μετὰ δὲ τοῦτο γενομένου πολέμου, συνέβαλον μὲν ἐν Τανάγρᾳ ὑπὲρ τῆς Βοιωτῶν
b ἐλευθερίας Λακεδαιμονίοις | μαχόμενοι, ἀμφισβητησίμου δὲ τῆς μάχης γενομένης, διέκρινε τὸ ὕστερον ἔργον· οἱ μὲν γὰρ ᾤχοντο ἀπιόντες, καταλιπόντες Βοιωτοὺς οἷς ἐβοήθουν, οἱ δ' ἡμέτεροι τρίτῃ ἡμέρᾳ ἐν Οἰνοφύτοις νικήσαντες τοὺς
5 ἀδίκως φεύγοντας δικαίως κατήγαγον. | οὗτοι δὴ πρῶτοι μετὰ τὸν Περσικὸν πόλεμον, Ἕλλησιν ἤδη ὑπὲρ τῆς ἐλευθερίας βοηθοῦντες πρὸς Ἕλληνας, ἄνδρες ἀγαθοὶ |c1 γενόμενοι καὶ ἐλευθερώσαντες οἷς ἐβοήθουν, ἐν τῷδε τῷ μνήματι τιμηθέντες ὑπὸ τῆς πόλεως πρῶτοι ἐτέθησαν. μετὰ δὲ ταῦτα πολλοῦ πολέμου γενομένου, καὶ πάντων τῶν Ἑλλήνων ἐπιστρατευσάντων καὶ τεμόντων τὴν χώραν καὶ
5 | ἀναξίαν χάριν ἐκτινόντων τῇ πόλει, νικήσαντες αὐτοὺς ναυμαχίᾳ οἱ ἡμέτεροι καὶ λαβόντες αὐτῶν τοὺς ἡγεμόνας Λακεδαιμονίους ἐν τῇ Σφαγίᾳ, ἐξὸν αὐτοῖς διαφθεῖραι
d ἐφεί- | σαντο καὶ ἀπέδοσαν καὶ εἰρήνην ἐποιήσαντο, ἡγούμενοι πρὸς μὲν τὸ ὁμόφυλον μέχρι νίκης δεῖν πολεμεῖν, καὶ μὴ δι' ὀργὴν ἰδίαν πόλεως τὸ κοινὸν τῶν Ἑλλήνων διολλύναι, πρὸς δὲ τοὺς βαρβάρους μέχρι διαφθορᾶς.
5 τούτους δὴ ἄξιον | ἐπαινέσαι τοὺς ἄνδρας, οἳ τοῦτον τὸν

que s'abattit sur elle le sort que les hommes se plaisent à infliger à ceux qui réussissent : d'abord la rivalité puis, après la rivalité, la jalousie. C'est ainsi que, malgré elle, notre cité se retrouva en guerre contre les Grecs. Après quoi, la guerre ayant éclaté, ils engagèrent la lutte à Tanagra pour la liberté des Béotiens | contre les Lacédémoniens. b Or l'issue du combat était incertaine, et ce fut un acte ultérieur qui trancha : l'ennemi battit en retraite en abandonnant ceux à qui il portait secours, tandis que les nôtres, vainqueurs le troisième jour à Œnophytes, ramenèrent d'exil sous l'étendard de la justice ceux que l'injustice avait bannis. Ces hommes furent donc les premiers, après la guerre contre les Perses [1], à venir cette fois au secours des Grecs contre des Grecs au nom de la liberté des Grecs. Parce qu'ils s'étaient conduits en braves | et avaient libérés c ceux à qui ils avaient porté secours, ils furent les premiers à avoir l'honneur d'être déposés dans ce monument par la cité. Après ces événements, une énorme guerre éclata, et alors que tous les Grecs entrèrent en campagne contre notre contrée et la réduisirent en pièces, en s'acquittant par cette indigne reconnaissance de leur dette envers notre cité, les nôtres les vainquirent dans un combat naval et s'emparèrent à Sphagie [2] des Lacédémoniens qui étaient à leur tête. Ils auraient pu les mettre à mort mais ils les épargnèrent, | les renvoyèrent et firent la paix, dans l'idée d que contre des gens de même race, la guerre doit être menée jusqu'à la victoire sans que la colère particulière d'une cité n'entraîne la destruction de la communauté des Grecs, alors que contre les Barbares, elle doit être menée jusqu'à leur destruction. Ces hommes méritent donc des éloges,

---

1. C'est-à-dire les guerres médiques.
2. Autre nom de Sphactérie.

πόλεμον πολεμήσαντες ἐνθάδε κεῖνται, ὅτι ἐπέδειξαν, εἴ
τις ἄρα ἠμφεσβήτει ὡς ἐν τῷ προτέρῳ πολέμῳ τῷ πρὸς
τοὺς βαρβάρους ἄλλοι τινὲς εἶεν ἀμείνους Ἀθηναίων, ὅτι
e οὐκ ἀληθῆ ἀμφισβητοῖεν· οὗτοι | γὰρ ἐνταῦθα ἔδειξαν,
στασιασάσης τῆς Ἑλλάδος περιγενόμενοι τῷ πολέμῳ, τοὺς
προεστῶτας τῶν ἄλλων Ἑλλήνων χειρωσάμενοι, μεθ᾽ ὧν
τότε τοὺς βαρβάρους ἐνίκων κοινῇ, τούτους νικῶντες ἰδίᾳ.
5 τρίτος δὲ πόλεμος μετὰ ταύτην τὴν | εἰρήνην ἀνέλπιστός
τε καὶ δεινὸς ἐγένετο, ἐν ᾧ πολλοὶ καὶ ἀγαθοὶ τελευτήσαντες
243 a ἐνθάδε κεῖνται, πολλοὶ μὲν ἀμφὶ Σι- | κελίαν πλεῖστα
τρόπαια στήσαντες ὑπὲρ τῆς Λεοντίνων ἐλευθερίας, οἷς
βοηθοῦντες διὰ τοὺς ὅρκους ἔπλευσαν εἰς ἐκείνους
τοὺς τόπους, διὰ δὲ μῆκος τοῦ πλοῦ εἰς ἀπορίαν τῆς
πόλεως καταστάσης καὶ οὐ δυναμένης αὐτοῖς ὑπηρετεῖν,
5 | τούτῳ ἀπειπόντες ἐδυστύχησαν· ὧν οἱ ἐχθροὶ καὶ
προσπολεμήσαντες πλείω ἔπαινον ἔχουσι σωφροσύνης
καὶ ἀρετῆς ἢ τῶν ἄλλων οἱ φίλοι· πολλοὶ δ᾽ ἐν ταῖς
ναυμαχίαις ταῖς καθ᾽ Ἑλλήσποντον, μιᾷ μὲν ἡμέρᾳ πάσας
b τὰς τῶν πολεμίων | ἑλόντες ναῦς, πολλὰς δὲ καὶ ἄλλας
νικήσαντες· ὃ δ᾽ εἶπον δεινὸν καὶ ἀνέλπιστον τοῦ πολέμου
γενέσθαι, τόδε λέγω τὸ εἰς τοσοῦτον φιλονικίας ἐλθεῖν
πρὸς τὴν πόλιν τοὺς ἄλλους Ἕλληνας, ὥστε τολμῆσαι τῷ
5 ἐχθίστῳ ἐπικηρυκεύσασθαι | βασιλεῖ, ὃν κοινῇ ἐξέβαλον
μεθ᾽ ἡμῶν, ἰδίᾳ τοῦτον πάλιν ἐπάγεσθαι, βάρβαρον ἐφ᾽

eux qui, pour avoir soutenu cette guerre, reposent ici : car ils ont montré à quiconque prétendait que, dans la guerre précédente contre les Barbares, d'autres auraient été meilleurs que les Athéniens, que cette prétention n'était pas vraie. Ils | l'ont montré alors, en prouvant leur supériorité **e** dans la guerre contre la Grèce soulevée contre eux, en mettant la main sur les chefs des autres Grecs, en remportant par leurs propres forces la victoire sur ceux avec qui ils avaient autrefois remporté une commune victoire sur les Barbares. Après cette paix, une troisième guerre éclata, inattendue et terrible, où disparurent bien des braves qui reposent ici. Beaucoup d'entre eux tombèrent non loin de la Sicile, | après avoir dressé d'innombrables trophées pour **243 a** protéger la liberté des Léontins auxquels ils étaient venus porter secours par fidélité à leurs serments, en faisant voile vers ces régions lointaines. Mais mise en difficulté par la longueur de la traversée, notre cité fut incapable de les assister, et ils durent renoncer et essuyèrent un revers. Toutefois, leurs ennemis, même après leur avoir fait la guerre, ont pour leur modération et leur excellence plus d'éloges que d'autres n'en reçoivent de leurs propres amis. Beaucoup d'entre eux tombèrent aussi dans les combats navals de l'Hellespont après avoir, en un seul jour, | capturé tous les vaisseaux ennemis et en avoir vaincu **b** beaucoup d'autres. Or l'aspect terrible et inattendu de cette guerre auquel j'ai fait allusion [1], c'est, je le déclare, que les autres Grecs en arrivèrent à un si grand désir de victoire sur notre cité qu'ils eurent l'audace de dépêcher des ambassadeurs auprès de notre pire ennemi, le Grand Roi, qu'ils avaient repoussé en commun avec nous, de le ramener contre nous par cette démarche servant leurs intérêts particuliers – lui, un Barbare, contre des Grecs – et

1. En 242e.

Ἕλληνας, καὶ συναθροῖσαι ἐπὶ τὴν πόλιν πάντας Ἕλληνάς
c τε καὶ βαρβάρους. οὗ δὴ καὶ | ἐκφανὴς ἐγένετο ἡ τῆς
πόλεως ῥώμη τε καὶ ἀρετή. οἰομένων γὰρ ἤδη αὐτὴν
καταπεπολεμῆσθαι καὶ ἀπειλημμένων ἐν Μυτιλήνῃ τῶν
νεῶν, βοηθήσαντες ἑξήκοντα ναυσίν, αὐτοὶ ἐμβάντες εἰς
5 τὰς ναῦς, καὶ ἄνδρες γενόμενοι ὁμολογουμένως | ἄριστοι,
νικήσαντες μὲν τοὺς πολεμίους, λυσάμενοι δὲ τοὺς φιλίους,
ἀναξίου τύχης τυχόντες, οὐκ ἀναιρεθέντες ἐκ τῆς θαλάττης
d κεῖνται ἐνθάδε. ὧν χρὴ ἀεὶ μεμνῆσθαί τε καὶ | ἐπαινεῖν· τῇ
μὲν γὰρ ἐκείνων ἀρετῇ ἐνικήσαμεν οὐ μόνον τὴν τότε
ναυμαχίαν, ἀλλὰ καὶ τὸν ἄλλον πόλεμον δόξαν γὰρ δι᾿
αὐτοὺς ἡ πόλις ἔσχεν μή ποτ᾿ ἂν καταπολεμηθῆναι μηδ᾿
ὑπὸ πάντων ἀνθρώπων – καὶ ἀληθῆ ἔδοξεν – τῇ δὲ ἡμετέρᾳ
5 | αὐτῶν διαφορᾷ ἐκρατήθημεν, οὐχ ὑπὸ τῶν ἄλλων·
ἀήττητοι γὰρ ἔτι καὶ νῦν ὑπό γε ἐκείνων ἐσμέν, ἡμεῖς δὲ
αὐτοὶ ἡμᾶς αὐτοὺς καὶ ἐνικήσαμεν καὶ ἡττήθημεν. μετὰ δὲ
e ταῦτα | ἡσυχίας γενομένης καὶ εἰρήνης πρὸς τοὺς ἄλλους,
ὁ οἰκεῖος ἡμῖν πόλεμος οὕτως ἐπολεμήθη, ὥστε εἴπερ
εἱμαρμένον εἴη ἀνθρώποις στασιάσαι, μὴ ἂν ἄλλως εὔξασθαι
μηδένα πόλιν ἑαυτοῦ νοσῆσαι. ἔκ τε γὰρ τοῦ Πειραιῶς καὶ
τοῦ ἄστεως ὡς ἀσμένως καὶ οἰκείως ἀλλήλοις συνέμειξαν
5 οἱ πολῖται καὶ | παρ᾿ ἐλπίδα τοῖς ἄλλοις Ἕλλησι, τόν τε
244 a πρὸς τοὺς Ἐλευσῖνι | πόλεμον ὡς μετρίως ἔθεντο·
καὶ τούτων ἁπάντων οὐδὲν ἄλλ᾿ αἴτιον ἢ ἡ τῷ ὄντι
συγγένεια, φιλίαν βέβαιον καὶ ὁμόφυλον οὐ λόγῳ ἀλλ᾿

de coaliser contre notre cité Grecs et Barbares tous ensemble. C'est alors que | brillèrent de tout leur éclat la force et **c** l'excellence de notre cité, car tandis qu'eux l'estimaient complètement défaite et que ses vaisseaux étaient bloqués à Mytilène, les nôtres, avec un renfort de soixante vaisseaux, et embarqués eux-mêmes sur ces vaisseaux [1], furent d'un commun aveu d'une valeur sans pareille : ils vainquirent leurs ennemis, délivrèrent leurs amis, mais un sort indigne empêcha que leurs dépouilles fussent recueillies en mer pour reposer ici. Il faut donc à jamais les rappeler à notre souvenir et | faire leur éloge : leur excellence nous valut **d** en effet de sortir vainqueurs non seulement de ce combat naval mais aussi du reste de la guerre. Car c'est grâce à eux que notre cité doit sa réputation de n'être jamais défaite, fût-elle attaquée par l'humanité entière. Réputation fondée en vérité, car ce sont nos propres divisions, non les forces d'autrui, qui triomphèrent de nous. Invaincus, nous le sommes encore en effet aujourd'hui, du moins par ces adversaires, mais c'est nous-mêmes qui, vis-à-vis de nous-mêmes, avons été et vainqueurs et vaincus. Après ces événements, | une fois la tranquillité revenue et la paix **e** faite avec les autres cités, la guerre interne qui éclata chez nous fut telle que si le destin des hommes était de se livrer à la guerre civile, personne ne souhaiterait voir sa propre cité souffrir ce mal autrement. Car du côté du Pirée comme de la ville, avec quelle joie et quel esprit de famille les citoyens se mêlèrent les uns aux autres et, contre toute attente, aux autres Grecs, et que de mesure dans la façon dont | ils menèrent la guerre contre ceux d'Éleusis ! Et tout **244 a** cela n'eut d'autre cause que la parenté réelle, source non pas en parole mais en acte d'une amitié solide entre

---

1. Le terme « navire » ou « vaisseau » apparaît trois fois en grec.

ἔργῳ παρεχομένη. χρὴ δὲ καὶ τῶν ἐν τούτῳ τῷ πολέμῳ
5 τελευτησάντων ὑπ' ἀλλήλων μνείαν ἔχειν καὶ | διαλλάττειν
αὐτοὺς ᾧ δυνάμεθα, εὐχαῖς καὶ θυσίαις, ἐν τοῖς τοιοῖσδε,
τοῖς κρατοῦσιν αὐτῶν εὐχομένους, ἐπειδὴ καὶ ἡμεῖς
διηλλάγμεθα. οὐ γὰρ κακίᾳ ἀλλήλων ἥψαντο οὐδ' ἔχθρᾳ
b | ἀλλὰ δυστυχίᾳ. μάρτυρες δὲ ἡμεῖς αὐτοί ἐσμεν τούτων
οἱ ζῶντες· οἱ αὐτοὶ γὰρ ὄντες ἐκείνοις γένει συγγνώμην
ἀλλήλοις ἔχομεν ὧν τ' ἐποιήσαμεν ὧν τ' ἐπάθομεν. μετὰ
δὲ τοῦτο παντελῶς εἰρήνης ἡμῖν γενομένης, ἡσυχίαν ἦγεν
5 ἡ πόλις, | τοῖς μὲν βαρβάροις συγγιγνώσκουσα, ὅτι
παθόντες ὑπ' αὐτῆς κακῶς ἱκανῶς[1] οὐκ ἐνδεῶς ἠμύναντο,
τοῖς δὲ Ἕλλησιν ἀγανακτοῦσα, μεμνημένη ὡς εὖ παθόντες
c ὑπ' αὐτῆς οἵαν | χάριν ἀπέδοσαν, κοινωσάμενοι τοῖς
βαρβάροις, τάς τε ναῦς περιελόμενοι αἵ ποτ' ἐκείνους
ἔσωσαν, καὶ τείχη καθελόντες ἀνθ' ὧν ἡμεῖς τἀκείνων
ἐκωλύσαμεν πεσεῖν· διανοουμένη δὲ ἡ πόλις μὴ ἂν ἔτι
5 ἀμῦναι μήτε Ἕλλησι πρὸς ἀλλήλων | δουλουμένοις μήτε
ὑπὸ βαρβάρων, οὕτως ᾤκει. ἡμῶν οὖν ἐν τοιαύτῃ διανοίᾳ
ὄντων ἡγησάμενοι Λακεδαιμόνιοι τοὺς μὲν τῆς ἐλευθερίας
d ἐπικούρους πεπτωκέναι ἡμᾶς, σφέτερον δὲ ἤδη | ἔργον
εἶναι καταδουλοῦσθαι τοὺς ἄλλους, ταῦτ' ἔπραττον. καὶ
μηκύνειν μὲν τί δεῖ ; οὐ γὰρ πάλαι οὐδὲ παλαιῶν ἀνθρώπων
γεγονότα λέγοιμ' ἂν τὰ μετὰ ταῦτα· αὐτοὶ γὰρ ἴσμεν ὡς
ἐκπεπληγμένοι ἀφίκοντο εἰς χρείαν τῆς πόλεως τῶν τε

---

1. b6 ἱκανῶς mss. Méridier : secl. Bekker [ἱκανῶς] Burnet

peuples de même race. Et il faut se souvenir aussi de ceux qui dans cette guerre périrent sous leurs coups mutuels, et faire notre possible pour les réconcilier, par des prières et des sacrifices, dans les cérémonies comme celle-ci, en adressant nos prières à leurs maîtres [1], puisque nous aussi nous nous sommes réconciliés. Car ce n'est ni par méchanceté ni par haine qu'ils s'en prirent les uns aux autres | mais sous l'effet d'une mauvaise fortune. Nous- **b** mêmes en sommes témoins, nous les vivants : car, identiques à eux par la naissance, nous nous pardonnons mutuellement ce que nous avons fait comme ce que nous avons subi. Après cela, la paix étant complètement revenue chez nous, la cité se tint tranquille. Tandis qu'elle pardonnait aux Barbares de s'être largement vengés des souffrances qu'elle leur avait amplement infligées, elle s'indignait contre les Grecs, au souvenir de la manière dont ils la payèrent du bien | qu'elle leur avait fait, en s'alliant avec les Barbares, **c** en capturant les navires qui les avaient autrefois sauvés, et en abattant ces remparts que nous avions sacrifiés pour empêcher les leurs de tomber. Notre cité avait donc l'intention de ne plus défendre les Grecs de la servitude, qu'elle vînt de leurs rapports mutuels ou des Barbares, et ainsi se gouvernait-elle. Tel était notre état d'esprit quand les Lacédémoniens, estimant que nous, les sauveurs de la liberté, avions périclité et que leur tâche à eux | était **d** désormais de réduire les autres en esclavage, s'y employèrent. Mais à quoi bon m'étendre davantage ? Car ils ne sont pas anciens et ne concernent pas des hommes anciens [2], les événements qui suivirent et dont je pourrais parler. Car nous-mêmes savons avec quel effroi les premiers

1. Les Dieux des Enfers.
2. La répétition un peu lourde (*palai, palaiôn*) s'accorde à l'intention parodique.

5 Έλ- | λήνων οἱ πρῶτοι, Ἀργεῖοι καὶ Βοιωτοὶ καὶ Κορίνθιοι,
καὶ τό γε θειότατον πάντων, τὸ καὶ βασιλέα εἰς τοῦτο
ἀπορίας ἀφικέσθαι, ὥστε περιστῆναι αὐτῷ μηδαμόθεν
ἄλλοθεν τὴν σωτηρίαν γενέσθαι ἀλλ᾽ ἢ ἐκ ταύτης τῆς
e πόλεως, ἣν προθύμως | ἀπώλλυ. καὶ δὴ καὶ εἴ τις βούλοιτο
τῆς πόλεως κατηγορῆσαι δικαίως, τοῦτ᾽ ἂν μόνον λέγων
ὀρθῶς ἂν κατηγοροῖ, ὡς ἀεὶ λίαν φιλοικτίρμων ἐστὶ καὶ
τοῦ ἥττονος θεραπίς. καὶ δὴ καὶ ἐν τῷ τότε χρόνῳ οὐχ οἷα
5 τε ἐγένετο καρτερῆσαι οὐδὲ | διαφυλάξαι ἃ ἐδέδοκτο αὐτῇ,
245 a τὸ μηδενὶ δουλουμένῳ βοηθεῖν | τῶν σφᾶς ἀδικησάντων,
ἀλλὰ ἐκάμφθη καὶ ἐβοήθησεν, καὶ τοὺς μὲν Ἕλληνας αὐτὴ
βοηθήσασα ἀπελύσατο δουλείας, ὥστ᾽ ἐλευθέρους εἶναι
μέχρι οὗ πάλιν αὐτοὶ αὑτοὺς κατεδουλώσαντο, βασιλεῖ δὲ
5 αὐτὴ μὲν οὐκ ἐτόλμησεν βοηθῆσαι, | αἰσχυνομένη τὰ
τρόπαια τά τε Μαραθῶνι καὶ Σαλαμῖνι καὶ Πλαταιαῖς,
φυγάδας δὲ καὶ ἐθελοντὰς ἐάσασα μόνον βοηθῆσαι
ὁμολογουμένως ἔσωσεν. τειχισαμένη δὲ καὶ ναυπηγησαμένη,
b | ἐκδεξαμένη τὸν πόλεμον, ἐπειδὴ ἠναγκάσθη πολεμεῖν,
ὑπὲρ Παρίων ἐπολέμει Λακεδαιμονίοις. φοβηθεὶς δὲ
βασιλεὺς τὴν πόλιν, ἐπειδὴ ἑώρα Λακεδαιμονίους τῷ κατὰ
θάλατταν πολέμῳ ἀπαγορεύοντας, ἀποστῆναι βουλόμενος
5 ἐξῄτει τοὺς | Ἕλληνας τοὺς ἐν τῇ ἠπείρῳ, οὕσπερ πρότερον
Λακεδαιμόνιοι αὐτῷ ἐξέδοσαν, εἰ μέλλοι συμμαχήσειν ἡμῖν
τε καὶ τοῖς ἄλλοις συμμάχοις, ἡγούμενος οὐκ ἐθελήσειν,

d'entre les Grecs, Argiens, Béotiens et Corinthiens, vinrent
chercher l'aide de la cité, et comment, fait divin entre tous,
le Grand Roi aussi se trouva dans une impasse telle que,
par un revirement de situation, son salut ne put venir
d'ailleurs que de cette cité qu'il cherchait avec tant d'ardeur
| à détruire. Et si précisément l'on voulait adresser à la cité e
un juste reproche, le seul qu'on pourrait légitimement lui
faire serait d'être toujours trop compatissante et trop
serviable envers le faible. À cette époque-là, notamment,
elle ne fut pas capable de tenir fermement et d'observer
jusqu'au bout le principe qu'elle s'était fixé de ne venir
secourir contre la servitude aucun de | ceux qui avaient été 245 a
injustes envers elle ; elle se laissa fléchir et vint à leur
secours. Les Grecs, elle les secourut elle-même en les
délivrant de la servitude, de sorte qu'ils furent libres
jusqu'au moment où ils recommencèrent à s'asservir eux-
mêmes. Quant au Grand Roi, elle n'eut pas l'audace de
venir elle-même à son secours, par respect pour les trophées
de Marathon, de Salamine et de Platées. Mais en permettant
seulement à des exilés et à des volontaires de lui porter
secours, elle assura son salut, comme tout le monde
s'accorde à le reconnaître. Une fois ses remparts édifiés
et sa flotte construite, | elle accepta la guerre quand elle b
fut forcée de la faire, et entra en guerre[1] contre les
Lacédémoniens pour la défense des habitants de Paros.
Mais le Grand Roi eut peur de notre cité quand il vit les
Lacédémoniens renoncer à la guerre maritime, et il souhaita
alors se retirer du combat. Il réclama les Grecs du continent
que les Lacédémoniens lui avaient justement livrés
auparavant comme condition de son alliance avec nous et

---

1. Cette phrase comporte trois termes forgés sur *polemos* (« la
guerre »). Je n'en rends que deux.

c ἵν᾽ αὐτῷ πρόφασις εἴη | τῆς ἀποστάσεως. καὶ τῶν μὲν
ἄλλων συμμάχων ἐψεύσθη· ἠθέλησαν γὰρ αὐτῷ ἐκδιδόναι
καὶ συνέθεντο καὶ ὤμοσαν Κορίνθιοι καὶ Ἀργεῖοι καὶ
Βοιωτοὶ καὶ οἱ ἄλλοι σύμμαχοι, εἰ μέλλοι χρήματα παρέξειν,
5 ἐκδώσειν τοὺς ἐν τῇ ἠπείρῳ | Ἕλληνας· μόνοι δὲ ἡμεῖς οὐκ
ἐτολμήσαμεν οὔτε ἐκδοῦναι οὔτε ὀμόσαι. οὕτω δή τοι τό
γε τῆς πόλεως γενναῖον καὶ ἐλεύθερον βέβαιόν τε καὶ
d ὑγιές ἐστιν καὶ φύσει μισοβάρ- | βαρον, διὰ τὸ εἰλικρινῶς
εἶναι Ἕλληνας καὶ ἀμιγεῖς βαρβάρων. οὐ γὰρ Πέλοπες οὐδὲ
Κάδμοι οὐδὲ Αἴγυπτοί τε καὶ Δαναοὶ οὐδὲ ἄλλοι πολλοὶ
φύσει μὲν βάρβαροι ὄντες, νόμῳ δὲ Ἕλληνες, συνοικοῦσιν
5 ἡμῖν, ἀλλ᾽ αὐτοὶ Ἕλληνες, οὐ | μειξοβάρβαροι οἰκοῦμεν,
ὅθεν καθαρὸν τὸ μῖσος ἐντέτηκε τῇ πόλει τῆς ἀλλοτρίας
e φύσεως. ὅμως δ᾽ οὖν ἐμονώθημεν πάλιν | διὰ τὸ μὴ ἐθέλειν
αἰσχρὸν καὶ ἀνόσιον ἔργον ἐργάσασθαι Ἕλληνας βαρβάροις
ἐκδόντες. ἐλθόντες οὖν εἰς ταὐτὰ ἐξ ὧν καὶ τὸ πρότερον
κατεπολεμήθημεν, σὺν θεῷ ἄμεινον ἢ τότε ἐθέμεθα τὸν
πόλεμον· καὶ γὰρ ναῦς καὶ τείχη ἔχοντες καὶ τὰς ἡμετέρας
5 αὐτῶν ἀποικίας ἀπηλλάγημεν τοῦ πολέμου | οὕτως, <ὥστ᾽>
ἀγαπητῶς ἀπηλλάττοντο καὶ οἱ πολέμιοι. ἀνδρῶν μέντοι
ἀγαθῶν καὶ ἐν τούτῳ τῷ πολέμῳ ἐστερήθημεν, τῶν τε ἐν
246 a Κορίνθῳ χρησαμένων δυσχωρίᾳ καὶ ἐν Λεχαίῳ | προδοσίᾳ·
ἀγαθοὶ δὲ καὶ οἱ βασιλέα ἐλευθερώσαντες καὶ ἐκβαλόντες
ἐκ τῆς θαλάττης Λακεδαιμονίους· ὧν ἐγὼ μὲν ὑμᾶς
ἀναμιμνήσκω, ὑμᾶς δὲ πρέπει συνεπαινεῖν τε καὶ κοσμεῖν
τοιούτους ἄνδρας. |

les autres alliés, car il pensait que nous n'y consentirions pas et que ce serait là un prétexte | pour se retirer. Or son attente fut déçue par les autres alliés. Les Corinthiens, les Argiens, les Béotiens et les autres alliés acceptèrent en effet de les lui livrer ; ils convinrent et jurèrent, à condition qu'il leur donne de l'argent, de lui livrer les Grecs du continent. Nous fûmes les seuls à n'avoir ni l'audace de les abandonner ni celle de prêter ce serment. Voilà ce qu'il y a de ferme et de sain dans le caractère noble et libre de notre cité, voilà ce qu'est sa haine naturelle du Barbare, qui tient à ce que nous sommes purement grecs et sans mélange de sang barbare. Car de ces Pélops, Cadmos, Égyptos, Danaos et tant d'autres, barbares par nature, grecs par la loi, aucun ne vit avec nous. Nous-mêmes vivons en Grecs, sans nous être | mélangés à des Barbares, et c'est de là que notre cité tient la pureté de sa haine envers tout ce qui est de nature autre. Cependant, nous n'en retombâmes pas moins dans l'isolement | pour ne pas avoir voulu accomplir un acte laid et impie en abandonnant des Grecs à des Barbares. Revenus à la même situation qui avait auparavant causé notre défaite, nous pûmes, avec l'aide d'un dieu, terminer la guerre mieux qu'alors. Car c'est en conservant navires et remparts, ainsi que nos propres colonies, que nous mîmes fin à la guerre, tant les ennemis étaient eux aussi heureux d'en finir. Pourtant, nous avons encore perdu des braves dans cette guerre, victimes des difficultés du terrain à Corinthe et de trahison | à Léchaïon. C'étaient des braves aussi, ceux qui libérèrent le Grand Roi et chassèrent de la mer les Lacédémoniens. Moi, je les rappelle à votre souvenir : vous, il vous faut unir vos louanges aux miennes et rendre hommage à de tels hommes.

5   Καὶ τὰ μὲν δὴ ἔργα ταῦτα τῶν ἀνδρῶν τῶν ἐνθάδε
κειμένων καὶ τῶν ἄλλων ὅσοι ὑπὲρ τῆς πόλεως
τετελευτήκασι, πολλὰ μὲν τὰ εἰρημένα καὶ καλά, πολὺ δ᾽
b ἔτι πλείω καὶ καλλίω τὰ | ὑπολειπόμενα· πολλαὶ γὰρ ἂν
ἡμέραι καὶ νύκτες οὐχ ἱκαναὶ γένοιντο τῷ τὰ πάντα μέλλοντι
περαίνειν. τούτων οὖν χρὴ μεμνημένους τοῖς τούτων
ἐκγόνοις πάντ᾽ ἄνδρα παρακελεύεσθαι, ὥσπερ ἐν πολέμῳ,
5 μὴ λείπειν τὴν τάξιν τὴν τῶν | προγόνων μηδ᾽ εἰς τοὐπίσω
ἀναχωρεῖν εἴκοντας κάκῃ. ἐγὼ μὲν οὖν καὶ αὐτός, ὦ παῖδες
ἀνδρῶν ἀγαθῶν, νῦν τε παρακελεύομαι καὶ ἐν τῷ λοιπῷ
c χρόνῳ, ὅπου ἄν τῳ ἐντυγχάνω | ὑμῶν, καὶ ἀναμνήσω καὶ
διακελεύσομαι προθυμεῖσθαι εἶναι ὡς ἀρίστους· ἐν δὲ τῷ
παρόντι δίκαιός εἰμι εἰπεῖν ἃ οἱ πατέρες ἡμῖν ἐπέσκηπτον
ἀπαγγέλλειν τοῖς ἀεὶ λειπομένοις, εἴ τι πάσχοιεν, ἡνίκα
5 κινδυνεύσειν ἔμελλον. φράσω δὲ ὑμῖν | ἅ τε αὐτῶν ἤκουσα
ἐκείνων καὶ οἷα νῦν ἡδέως ἂν εἴποιεν ὑμῖν λαβόντες δύναμιν,
τεκμαιρόμενος ἐξ ὧν τότε ἔλεγον. ἀλλὰ νομίζειν χρὴ αὐτῶν
ἀκούειν ἐκείνων ἃ ἂν ἀπαγγέλλω· ἔλεγον δὲ τάδε – |
d   Ὦ παῖδες, ὅτι μέν ἐστε πατέρων ἀγαθῶν, αὐτὸ μηνύει
τὸ νῦν παρόν· ἡμῖν δὲ ἐξὸν ζῆν μὴ καλῶς, καλῶς αἱρούμεθα
μᾶλλον τελευτᾶν, πρὶν ὑμᾶς τε καὶ τοὺς ἔπειτα εἰς ὀνείδη
καταστῆσαι καὶ πρὶν τοὺς ἡμετέρους πατέρας καὶ πᾶν τὸ
5 | πρόσθεν γένος αἰσχῦναι, ἡγούμενοι τῷ τοὺς αὑτοῦ
αἰσχύναντι ἀβίωτον εἶναι, καὶ τῷ τοιούτῳ οὔτε τινὰ
ἀνθρώπων οὔτε θεῶν φίλον εἶναι οὔτ᾽ ἐπὶ γῆς οὔθ᾽ ὑπὸ
γῆς τελευτήσαντι. χρὴ οὖν μεμνημένους τῶν ἡμετέρων

Tels sont donc les actes de ces hommes, de ceux qui reposent ici et de tous les autres qui périrent aussi pour la cité. Nombreux et beaux sont ceux dont j'ai parlé, bien plus nombreux et bien plus beaux encore sont ceux | qu'il b reste à évoquer. Car bien des jours et des nuits ne suffiraient pas à qui voudrait en achever l'énumération. En souvenir d'eux, chacun doit donc exhorter leurs descendants, comme on le fait à la guerre, à ne pas abandonner le poste de leurs ancêtres et à ne pas battre en retraite en cédant à la lâcheté. Pour ma part, ô fils de braves, je vous y exhorte moi-même aujourd'hui et, à l'avenir, partout où je rencontrerai l'un | d'entre vous, je le lui remettrai en mémoire, et je vous c inviterai à mettre toute votre ardeur à être les meilleurs possibles. Mais pour le moment, il est juste que je dise moi-même ce que les pères nous recommandaient de rapporter à ceux qu'ils laissaient derrière eux, s'il devait leur arriver quelque chose à l'heure d'affronter le danger. Je vais vous dire aussi bien ce que j'ai entendu de leur propre bouche que ce qu'ils auraient plaisir à vous dire aujourd'hui s'ils en avaient le pouvoir, en me fondant sur ce qu'ils disaient alors. Mais imaginez que c'est de leur propre bouche que vous entendez les propos que je vais rapporter. Voici ce qu'ils disaient : |

« Enfants, que vos pères soient des braves, le moment d présent en est la preuve : il nous est possible de vivre sans beauté, mais nous faisons le beau choix de mourir avant de vous exposer à l'opprobre, vous et ceux qui viendront ensuite, avant de déshonorer nos propres pères et toute la race qui nous a précédés, parce que nous considérons qu'il n'est pas de vie possible pour qui déshonore les siens, et qu'un tel individu ne peut être l'ami ni d'aucun homme ni d'aucun dieu, ni sur terre ni sous terre après sa mort. En souvenir de nos paroles, vous avez donc le devoir, quel

e λόγων, ἐάν τι καὶ ἄλλο | ἀσκῆτε, ἀσκεῖν μετ᾽ ἀρετῆς,
εἰδότας ὅτι τούτου λειπόμενα πάντα καὶ κτήματα καὶ
ἐπιτηδεύματα αἰσχρὰ καὶ κακά. οὔτε γὰρ πλοῦτος κάλλος
φέρει τῷ κεκτημένῳ μετ᾽ ἀνανδρίας – ἄλλῳ γὰρ ὁ τοιοῦτος
5 πλουτεῖ καὶ οὐχ ἑαυτῷ – οὔτε σώματος | κάλλος καὶ ἰσχὺς
δειλῷ καὶ κακῷ συνοικοῦντα πρέποντα φαίνεται ἀλλ᾽
ἀπρεπῆ, καὶ ἐπιφανέστερον ποιεῖ τὸν ἔχοντα καὶ
ἐκφαίνει τὴν δειλίαν· πᾶσά τε ἐπιστήμη χωριζομένη
247 a | δικαιοσύνης καὶ τῆς ἄλλης ἀρετῆς πανουργία, οὐ σοφία
φαίνεται. ὧν ἕνεκα καὶ πρῶτον καὶ ὕστατον καὶ διὰ
παντὸς πᾶσαν πάντως προθυμίαν πειρᾶσθε ἔχειν ὅπως
μάλιστα μὲν ὑπερβαλεῖσθε καὶ ἡμᾶς καὶ τοὺς πρόσθεν
5 εὐκλείᾳ· εἰ δὲ μή, | ἴστε ὡς ἡμῖν, ἂν μὲν νικῶμεν ὑμᾶς
ἀρετῇ, ἡ νίκη αἰσχύνην φέρει, ἡ δὲ ἧττα, ἐὰν ἡττώμεθα,
εὐδαιμονίαν. μάλιστα δ᾽ ἂν νικῴμεθα καὶ ὑμεῖς
b νικῆτε, εἰ παρασκευάσαισθε τῇ τῶν | προγόνων δόξῃ μὴ
καταχρησόμενοι μηδ᾽ ἀναλώσοντες αὐτήν, γνόντες ὅτι
ἀνδρὶ οἰομένῳ τὶ εἶναι οὐκ ἔστιν αἴσχιον οὐδὲν ἢ παρέχειν
ἑαυτὸν τιμώμενον μὴ δι᾽ ἑαυτὸν ἀλλὰ διὰ δόξαν προγόνων.
εἶναι μὲν γὰρ τιμὰς γονέων ἐκγόνοις καλὸς θησαυρὸς καὶ
5 μεγαλοπρεπής· χρῆσθαι δὲ καὶ χρημάτων καὶ | τιμῶν
θησαυρῷ, καὶ μὴ τοῖς ἐκγόνοις παραδιδόναι, αἰσχρὸν καὶ
ἄνανδρον, ἀπορίᾳ ἰδίων αὐτοῦ κτημάτων τε καὶ εὐδοξιῶν.

que soit l'objet | auquel vous vous appliquiez, de vous y **e**
appliquer avec excellence, en sachant que sans cela, toute
possession et toute occupation ne sont que déshonneur et
laideur. Car la richesse n'apporte pas la beauté à qui la
possède en lâche, – c'est en effet pour autrui qu'un tel
homme est riche et non pour lui-même –, et la beauté et
la force du corps, chez l'homme lâche et mauvais, ne lui
donnent pas un air convenable mais au contraire
inconvenant ; elles n'en mettent que mieux en évidence
qui les possède et font ressortir sa lâcheté. Coupée du sens
de la justice et du reste de la vertu, | toute science apparaît **247 a**
comme une habileté de fourbe, non comme un savoir. C'est
pourquoi, du début à la fin de votre vie, tout le temps et
en tout, tentez tous vos efforts [1] pour nous surpasser le plus
possible en renommée, nous et nos prédécesseurs ; sans
quoi, sachez-le, si nous l'emportons sur vous en excellence,
cette victoire fait notre déshonneur, tandis que la défaite,
si nous sommes défaits, fait notre bonheur. Mais ce qui
ferait surtout de nous les vaincus et de vous les vainqueurs,
c'est que vous vous prépariez | à ne pas mésuser de la **b**
réputation de vos ancêtres et à ne pas la gaspiller, en sachant
que rien n'est plus laid pour un homme qui ne se prend
pas pour rien que de recevoir des honneurs qu'il ne doit
pas à lui-même mais à la réputation de ses ancêtres.
Car si les honneurs reçus par les parents sont pour
leurs descendants un trésor magnifique et superbe, se servir
de ce trésor de richesses et d'honneurs sans le transmettre
à ses descendants, voilà qui est laid et lâche et qui
vient de ce qu'on n'a pas su comment acquérir par soi-
même des biens et des titres de gloire personnels.

---

1. Je tente de rendre ainsi les allitérations et polyptotes du grec *dia
pantos pasan pantôs prothumian peirasthe*.

c | καὶ ἐὰν μὲν ταῦτα ἐπιτηδεύσητε, φίλοι παρὰ φίλους ἡμᾶς
ἀφίξεσθε, ὅταν ὑμᾶς ἡ προσήκουσα μοῖρα κομίσῃ
ἀμελήσαντας δὲ ὑμᾶς καὶ κακισθέντας οὐδεὶς εὐμενῶς
ὑποδέξεται. τοῖς μὲν οὖν παισὶ ταῦτ᾽ εἰρήσθω. |

5 Πατέρας δὲ ἡμῶν, οἷς εἰσί, καὶ μητέρας ἀεὶ χρὴ
παραμυθεῖσθαι ὡς ῥᾷστα φέρειν τὴν συμφοράν, ἐὰν ἄρα
συμβῇ γενέσθαι, καὶ μὴ συνοδύρεσθαι – οὐ γὰρ τοῦ
d λυπήσοντος | προσδεήσονται· ἱκανὴ γὰρ ἔσται καὶ ἡ
γενομένη τύχη τοῦτο πορίζειν – ἀλλ᾽ ἰωμένους καὶ
πραΰνοντας ἀναμιμνῄσκειν αὐτοὺς ὅτι ὧν ηὔχοντο τὰ
μέγιστα αὐτοῖς οἱ θεοὶ ἐπήκοοι γεγόνασιν. οὐ γὰρ
5 ἀθανάτους σφίσι παῖδας ηὔχοντο γενέσθαι | ἀλλ᾽ ἀγαθοὺς
καὶ εὐκλεεῖς, ὧν ἔτυχον, μεγίστων ἀγαθῶν ὄντων· πάντα
δὲ οὐ ῥᾴδιον θνητῷ ἀνδρὶ κατὰ νοῦν ἐν τῷ ἑαυτοῦ βίῳ
ἐκβαίνειν. καὶ φέροντες μὲν ἀνδρείως τὰς συμφορὰς
e δόξουσι τῷ ὄντι ἀνδρείων παίδων πατέρες εἶναι | καὶ αὐτοὶ
τοιοῦτοι, ὑπείκοντες δὲ ὑποψίαν παρέξουσιν ἢ μὴ ἡμέτεροι
εἶναι ἢ ἡμῶν τοὺς ἐπαινοῦντας καταψεύδεσθαι· χρὴ δὲ
οὐδέτερα τούτων, ἀλλ᾽ ἐκείνους μάλιστα ἡμῶν ἐπαινέτας
εἶναι ἔργῳ, παρέχοντας αὐτοὺς φαινομένους τῷ ὄντι
5 πατέρας | ὄντας ἄνδρας ἀνδρῶν. πάλαι γὰρ δὴ τὸ μηδὲν
ἄγαν λεγόμενον καλῶς δοκεῖ λέγεσθαι· τῷ γὰρ ὄντι εὖ
λέγεται. ὅτῳ γὰρ ἀνδρὶ εἰς ἑαυτὸν ἀνήρτηται πάντα
248 a τὰ πρὸς εὐδαιμονίαν | φέροντα ἢ ἐγγὺς τούτου, καὶ μὴ
ἐν ἄλλοις ἀνθρώποις αἰωρεῖται ἐξ ὧν ἢ εὖ ἢ κακῶς
πραξάντων πλανᾶσθαι ἠνάγκασται καὶ τὰ ἐκείνου,
τούτῳ ἄριστα παρεσκεύασται ζῆν, οὗτός ἐστιν
ὁ σώφρων καὶ οὗτος ὁ ἀνδρεῖος καὶ φρόνιμος·

| Et si vous vous y employez, c'est en amis retrouvant des c
amis que vous nous rejoindrez, quand vous emportera le
sort qui vous revient. Mais si vous vous êtes montrés
négligents et lâches, nul ne vous accueillera avec
bienveillance. À nos enfants, voilà ce qu'il faut dire !

Quant à nos pères, s'ils vivent encore, et à nos mères,
il faut les consoler sans relâche pour qu'ils supportent le
malheur le plus aisément possible si par hasard il vient à
se produire, et pour ne pas mêler nos larmes aux leurs – car
ils n'auront pas besoin | qu'on ajoute à leur chagrin : d
l'événement suffira en effet à les mettre dans cet état. Au
contraire, nous les guérirons et les apaiserons en leur
rappelant que leurs vœux les plus chers, les dieux les ont
exaucés. Car ce n'est pas immortels qu'ils souhaitent voir
devenir leurs enfants mais bons et renommés ; et en
l'obtenant, ils ont obtenu les biens les plus grands. Or il
n'est pas aisé pour un mortel que, durant sa propre vie,
tout arrive comme il l'a conçu. Et en supportant avec
courage leurs malheurs, ils passeront pour être vraiment
les pères d'enfants courageux et pour l'être | eux-mêmes e
aussi, alors que s'ils se laissent abattre, on les soupçonnera,
eux, de ne pas être nos pères, ou ceux qui font notre éloge,
d'être des menteurs. Or ni l'un ni l'autre ne doit se produire :
c'est surtout à eux de faire notre éloge par leurs actes, en
montrant qu'ils sont vraiment des hommes et les pères
d'autres hommes. C'est de longue date que "rien de trop"
passe pour un beau dicton : c'est qu'en effet il est vraiment
bien dit, car l'homme qui ne fait dépendre que de lui-même
tout ce qui conduit au bonheur | ou en rapproche, et qui 248 a
ne le suspend pas à d'autres hommes dont la conduite,
bonne ou mauvaise, condamnerait aussi la sienne à errer
à l'aventure, celui-là s'est préparé la vie la meilleure. Voilà
un homme modéré, un homme courageux et intelligent.

5 | οὗτος γιγνομένων χρημάτων καὶ παίδων καὶ
διαφθειρομένων μάλιστα πείσεται τῇ παροιμίᾳ· οὔτε γὰρ
χαίρων οὔτε λυπούμενος ἄγαν φανήσεται διὰ τὸ αὑτῷ
b πεποιθέναι. τοιούτους | δὲ ἡμεῖς γε ἀξιοῦμεν καὶ τοὺς
ἡμετέρους εἶναι καὶ βουλόμεθα καὶ φαμέν, καὶ ἡμᾶς αὐτοὺς
νῦν παρέχομεν τοιούτους, οὐκ ἀγανακτοῦντας οὐδὲ
φοβουμένους ἄγαν εἰ δεῖ τελευτᾶν ἐν τῷ παρόντι. δεόμεθα
5 δὴ καὶ πατέρων καὶ μητέρων τῇ αὐτῇ ταύτῃ | διανοίᾳ
χρωμένους τὸν ἐπίλοιπον βίον διάγειν, καὶ εἰδέναι ὅτι οὐ
θρηνοῦντες οὐδὲ ὀλοφυρόμενοι ἡμᾶς ἡμῖν μάλιστα
χαριοῦνται, ἀλλ᾽ εἴ τις ἔστι τοῖς τετελευτηκόσιν αἴσθησις
c | τῶν ζώντων, οὕτως ἀχάριστοι εἶεν ἂν μάλιστα, ἑαυτούς
τε κακοῦντες καὶ βαρέως φέροντες τὰς συμφοράς· κούφως
δὲ καὶ μετρίως μάλιστ᾽ ἂν χαρίζοιντο. τὰ μὲν γὰρ ἡμέτερα
τελευτὴν ἤδη ἕξει ἥπερ καλλίστη γίγνεται ἀνθρώποις,
5 ὥστε πρέπει | αὐτὰ μᾶλλον κοσμεῖν ἢ θρηνεῖν·
γυναικῶν δὲ τῶν ἡμετέρων καὶ παίδων ἐπιμελούμενοι καὶ
τρέφοντες καὶ ἐνταῦθα τὸν νοῦν τρέποντες τῆς τε τύχης
d μάλιστ᾽ ἂν εἶεν ἐν λήθῃ καὶ | ζῷεν κάλλιον καὶ ὀρθότερον
καὶ ἡμῖν προσφιλέστερον. ταῦτα δὴ ἱκανὰ τοῖς ἡμετέροις
παρ᾽ ἡμῶν ἀγγέλλειν· τῇ δὲ πόλει παρακελευοίμεθ᾽ ἂν
ὅπως ἡμῖν καὶ πατέρων καὶ ὑέων ἐπιμελήσονται, τοὺς μὲν
παιδεύοντες κοσμίως, τοὺς δὲ γηροτροφοῦντες ἀξίως· νῦν
5 δὲ ἴσμεν ὅτι καὶ ἐὰν μὴ ἡμεῖς | παρακελευώμεθα, ἱκανῶς
ἐπιμελήσεται.

Que richesses et enfants lui naissent ou qu'il les voie disparaître, cet homme sera pleinement soumis à cet adage : il ne se montrera en effet ni trop gai ni trop triste car ce n'est qu'en lui-même qu'il aura placé sa confiance. | Que **b** les nôtres soient de cette trempe, nous le prétendons, nous le voulons et nous le déclarons. Et nous-mêmes nous montrons tels aujourd'hui, sans trop de colère ni trop de crainte si l'heure de notre mort a sonné maintenant. Aussi demandons-nous à nos pères et à nos mères de passer le reste de leur vie dans ce même état d'esprit ; et qu'ils sachent que ce n'est pas par leurs plaintes funèbres et leurs lamentations qu'ils nous feront le plus plaisir, mais que, si les morts peuvent un tant soit peu percevoir | les vivants, **c** ils nous causeraient le plus grand déplaisir en se montrant lâches et en supportant mal le fardeau de leurs malheurs, alors que si c'était avec légèreté et mesure, ils nous feraient un plaisir extrême. Car notre vie va connaître la plus belle fin qui soit pour des hommes, de sorte que les hommages lui conviennent davantage que les plaintes funèbres. C'est en prenant soin de nos femmes et de nos enfants, en les nourrissant et en tournant leur esprit de ce côté qu'ils trouveraient le meilleur moyen d'oublier leur sort et | de **d** mener une vie plus belle, plus droite et plus agréable à nos yeux. Voilà donc qui suffit pour le message à adresser aux nôtres de notre part. Quant à la cité, nous l'exhorterions à prendre soin de nos pères et de nos fils, en pourvoyant avec décence à l'éducation des uns, et en nourrissant les autres avec dignité dans leurs vieux jours, si nous ne savions qu'en réalité, même sans que nous l'y exhortions, elle prendra soin d'eux comme il faut. »

Ταῦτα οὖν, ὦ παῖδες καὶ γονῆς τῶν τελευτησάντων,
e ἐκεῖνοί | τε ἐπέσκηπτον ἡμῖν ἀπαγγέλλειν, καὶ ἐγὼ ὡς
δύναμαι προθυμότατα ἀπαγγέλλω· καὶ αὐτὸς δέομαι ὑπὲρ
ἐκείνων, τῶν μὲν μιμεῖσθαι τοὺς αὑτῶν, τῶν δὲ θαρρεῖν
ὑπὲρ αὑτῶν, ὡς ἡμῶν καὶ ἰδίᾳ καὶ δημοσίᾳ γηροτροφησόντων
5 ὑμᾶς καὶ ἐπιμελη- | σομένων, ὅπου ἂν ἕκαστος ἑκάστῳ
ἐντυγχάνῃ ὁτῳοῦν τῶν ἐκείνων. τῆς δὲ πόλεως ἴστε που
καὶ αὐτοὶ τὴν ἐπιμέλειαν, ὅτι νόμους θεμένη περὶ τοὺς τῶν
ἐν τῷ πολέμῳ τελευτησάντων παῖδάς τε καὶ γεννήτορας
249 a ἐπιμελεῖται, καὶ δια- | φερόντως τῶν ἄλλων πολιτῶν
προστέτακται φυλάττειν ἀρχῇ ἥπερ μεγίστη ἐστίν, ὅπως
ἂν οἱ τούτων μὴ ἀδικῶνται πατέρες τε καὶ μητέρες· τοὺς
δὲ παῖδας συνεκτρέφει αὐτή, προθυμουμένη ὅτι μάλιστ᾽
5 ἄδηλον αὐτοῖς τὴν ὀρφανίαν γενέσθαι, ἐν | πατρὸς σχήματι
καταστᾶσα αὐτοῖς αὐτὴ ἔτι τε παισὶν οὖσιν, καὶ ἐπειδὰν εἰς
ἀνδρὸς τέλος ἴωσιν, ἀποπέμπει ἐπὶ τὰ σφέτερ᾽ αὐτῶν
πανοπλίᾳ κοσμήσασα, ἐνδεικνυμένη καὶ ἀναμιμνήσκουσα
b τὰ τοῦ πατρὸς ἐπιτηδεύματα ὄργανα τῆς πατρῴας | ἀρετῆς
διδοῦσα, καὶ ἅμα οἰωνοῦ χάριν ἄρχεσθαι ἰέναι ἐπὶ τὴν
πατρῴαν ἑστίαν ἄρξοντα μετ᾽ ἰσχύος ὅπλοις κεκοσμημένον.
αὐτοὺς δὲ τοὺς τελευτήσαντας τιμῶσα οὐδέποτε ἐκλείπει,
καθ᾽ ἕκαστον ἐνιαυτὸν αὐτὴ τὰ νομιζόμενα ποιοῦσα κοινῇ

Voilà donc, enfants et parents des morts, ce que ces hommes | nous ont chargé de vous rapporter, et que je vous **e** rapporte moi aussi avec toute l'ardeur dont je suis capable. Moi-même, en leur nom, je demande aux premiers d'imiter leurs pères, aux seconds d'être sans crainte pour eux-mêmes puisque, par des moyens privés aussi bien que publics, nous vous nourrirons dans vos vieux jours et prendrons soin de vous, partout où chacun de nous aura l'occasion de rencontrer un proche des morts. Quant à la cité, vous-mêmes connaissez sans doute l'importance que le soin a pour elle : par les lois qu'elle a établies en faveur des enfants et des parents des morts tombés à la guerre, elle prend soin d'eux et, | plus que les autres citoyens, c'est la **249 a** magistrature suprême qu'elle a chargé de prendre garde que les pères et les mères de ces morts soient protégés de l'injustice. Quant aux enfants, elle contribue elle-même à leur subsistance et met toute son ardeur à leur rendre le moins sensible possible leur condition d'orphelins, en jouant auprès d'eux le rôle de pères tant qu'ils sont encore enfants. Et quand ils arrivent à l'âge d'homme, elle les envoie reprendre possession de leurs biens, après les avoir parés d'un armement complet pour leur montrer et leur rappeler à quoi s'employaient leurs pères en leur donnant les instruments de la vaillance | paternelle, et en permettant **b** en même temps à chacun d'entre eux [1], à titre d'heureux présage, de prendre pour la première fois la route du foyer paternel, où il exercera son autorité avec l'aide de la force et paré de ces armes. Quant aux morts eux-mêmes, elle ne cesse de leur rendre hommage, en organisant chaque année

---

1. J'ajoute « chacun d'entre eux » pour suivre le passage du pluriel au singulier *arxonta*.

5 | πᾶσιν ἅπερ ἑκάστῳ ἰδίᾳ γίγνεται, πρὸς δὲ τούτοις ἀγῶνας
γυμνικοὺς καὶ ἱππικοὺς τιθεῖσα καὶ μουσικῆς πάσης, καὶ
ἀτεχνῶς τῶν μὲν τελευτησάντων ἐν κληρονόμου καὶ ὑέος
c | μοίρᾳ καθεστηκυῖα, τῶν δὲ ὑέων ἐν πατρός, γονέων δὲ
τῶν τούτων ἐν ἐπιτρόπου, πᾶσαν πάντων παρὰ πάντα τὸν
χρόνον ἐπιμέλειαν ποιουμένη. ὧν χρὴ ἐνθυμουμένους
πραότερον φέρειν τὴν συμφοράν· τοῖς τε γὰρ τελευτήσασι
5 καὶ τοῖς | ζῶσιν οὕτως ἂν προσφιλέστατοι εἴτε καὶ ῥᾷστοι
θεραπεύειν τε καὶ θεραπεύεσθαι. νῦν δὲ ἤδη ὑμεῖς τε καὶ
οἱ ἄλλοι πάντες κοινῇ κατὰ τὸν νόμον τοὺς τετελευτηκότας
ἀπολοφυράμενοι ἄπιτε. |

d   Οὗτός σοι ὁ λόγος, ὦ Μενέξενε, Ἀσπασίας τῆς Μιλησίας
ἐστίν.

      ΜΕΝ. Νὴ Δία, ὦ Σώκρατες, μακαρίαν γε λέγεις τὴν
Ἀσπασίαν, εἰ γυνὴ οὖσα τοιούτους λόγους οἵα τ᾽ ἐστὶ
5 | συντιθέναι.

      ΣΩ. Ἀλλ᾽ εἰ μὴ πιστεύεις, ἀκολούθει μετ᾽ ἐμοῦ, καὶ
ἀκούσῃ αὐτῆς λεγούσης.

      ΜΕΝ. Πολλάκις, ὦ Σώκρατες, ἐγὼ ἐντετύχηκα Ἀσπασίᾳ,
καὶ οἶδα οἵα ἐστίν. |

10   ΣΩ. Τί οὖν ; οὐκ ἄγασαι αὐτὴν καὶ νῦν χάριν ἔχεις τοῦ
λόγου αὐτῇ ;

      ΜΕΝ. Καὶ πολλήν γε, ὦ Σώκρατες, ἐγὼ χάριν ἔχω
e τούτου | τοῦ λόγου ἐκείνῃ ἢ ἐκείνῳ ὅστις σοι ὁ εἰπών ἐστιν
αὐτόν· καὶ πρός γε ἄλλων πολλῶν χάριν ἔχω τῷ εἰπόντι.

pour tous à titre commun les cérémonies qu'on célèbre d'habitude pour chacun à titre privé. Elle organise en outre des concours gymniques et hippiques, et toutes sortes de concours de musique. En somme, pour les morts, elle joue le rôle d'héritier et de fils, | pour leurs fils celui de père, c et pour leurs parents celui de tuteur, en procurant à tous pour tout le cours du temps toutes les formes de soin. Ces pensées doivent vous faire supporter le malheur d'un cœur plus apaisé, car c'est ainsi que vous vous rendriez plus agréables aux morts et aux vivants, et qu'il vous serait plus facile d'accorder des soins comme d'en recevoir. Et maintenant, vous et tous les autres, donnez ensemble aux morts les lamentations comme la loi le prescrit, et retirez-vous ! » | d

Voilà, Ménexène, le discours d'Aspasie de Milet.

Ménexène – Par Zeus, Socrate, à t'entendre, Aspasie est bienheureuse si elle est capable, elle qui n'est qu'une femme, de composer de pareils discours.

Socrate – Eh bien, si tu ne me crois pas, accompagne-moi et tu l'entendras parler en personne.

Ménexène – J'ai souvent rencontré Aspasie, Socrate, et je connais son genre.

Socrate – Alors quoi, ne l'admires-tu pas ? Et en cet instant, ne lui es-tu pas reconnaissant de son discours ?

Ménexène – Si Socrate, je suis même très reconnaissant de ce | discours à celle ou à celui, quel qu'il soit, qui te l'a e récité, et très reconnaissant aussi de bien d'autres choses à celui qui me l'a récité.

ΣΩ. Εὖ ἂν ἔχοι ἀλλ᾽ ὅπως μου μὴ κατερεῖς, ἵνα καὶ αὖθίς σοι πολλοὺς καὶ καλοὺς λόγους παρ᾽ αὐτῆς πολιτικοὺς
5 | ἀπαγγέλλω.

ΜΕΝ. Θάρρει, οὐ κατερῶ· μόνον ἀπάγγελλε.

ΣΩ. ᾽Αλλὰ ταῦτ᾽ ἔσται.

Socrate – Voilà qui va bien. Mais garde toi de me dénoncer, si tu veux que je te rapporte encore d'elle beaucoup de beaux discours politiques.

Ménexène – Rassure-toi, je ne te dénoncerai pas, pourvu que tu me les rapportes.

Socrate – C'est ce que je ferai.

COMMENTAIRE

LE PROLOGUE (234A-236D)

Le prologue du *Ménexène* comprend deux parties : d'une part, la rencontre entre Socrate et Méxenène, où le premier brosse le portrait du second (234a-b) ; d'autre part, une présentation du genre de l'oraison funèbre, tant de ses effets sur les auditeurs que de la façon dont, selon Socrate, ce type de discours est composé (234b-236d).

LA RENCONTRE
ENTRE SOCRATE ET MÉNEXÈNE (234A-B)

Tout comme la question qui ouvre le *Phèdre* – « Phèdre, mon ami, où vas-tu donc et d'où viens-tu ? » (227a) – la question inaugurale que Socrate pose à Ménexène – « Est-ce de l'agora que vient Ménexène, ou bien… ? » (234a) – signale que le philosophe examine ici la trajectoire d'un individu pour lui donner les moyens de la réorienter après l'avoir examinée avec lui. Plus qu'un simple trajet dans l'espace, il s'agit ici du parcours d'une âme en formation qui, sans la rencontre inopinée avec Socrate, suivrait un chemin tracé d'avance, soumis à une certaine idée de ce que penser et parler veulent dire et au pouvoir narcotique d'une rhétorique détachée du vrai. D'où vient Ménexène, fils du général athénien Démophon, et ou ira-t-il une fois l'entretien terminé ? Sera-t-il, comme les membres de sa famille, un politique de plus tournant ses soins (*tina epimelètèn*, 234b) vers les Athéniens sans avoir achevé son éducation et sans s'être consacré à la philosophie « jusqu'au bout » (*epi telei*, 234a) ? Ou bien, sans renoncer à ses ambitions mais, au contraire, pour les exercer le mieux possible, comprendra-t-il qu'il faut prendre ses distances avec la parole politique athénienne et faire un long détour par la philosophie pour être *vraiment* un politique, ou tout au moins en être un moins mauvais ? Les deux réponses sont possibles, conformément à la double lecture savamment ménagée par Platon du début à la fin du *Ménexène*. Cette réponse ambiguë présente Ménexène sous un double jour : il emprunte un chemin balisé mais se montre capable d'en sortir lorsqu'il se révèle sensible à l'appel de la philosophie.

Trois éléments de cette première partie du préambule témoignent de l'ambivalence de son portrait. Le premier est le lieu de rencontre entre les protagonistes, endroit non précisé mais situé très probablement en ville, à la fois à proximité et à l'écart des institutions politiques centrales de l'Athènes démocratique que sont l'agora et la salle (*Bouleutèrion*, 234a) où se réunit le Conseil (*Boulè*). La première est le cœur vivant de la cité pour tous les échanges qui s'y déroulent et les bâtiments publics qui s'y trouvent. Le second, situé sur l'agora, abrite cinq cents membres tirés au sort, chargés de préparer l'agenda des questions débattues à l'Assemblée, de contrôler le caractère constitutionnel des décrets votés à l'Assemblée, et d'examiner et d'entamer les procédures d'accusation publique [1]. Légèrement à l'écart de ces lieux institutionnels,

---

1. Voir J.M. Camp, *The Athenian Agora : Excavations in the Heart of Ancient Athens*, London, Thames and Hudson, 1992 ; et P.J. Rhodes, *The Athenian Boule*, Oxford, The Clarendon Press, 1972.

puisqu'il en provient, Ménexène entre alors dans un autre
espace – un autre espace physique qui correspond à cet
autre espace de pensée qu'est le dialogue socratique – où
il aura l'occasion de réfléchir sur la nature de la parole à
l'œuvre dans ces lieux centraux de la démocratie athénienne.

    Cet espace, second élément témoignant de l'ambivalence
de Ménexène, est mince mais pas nul. Il est mince en ce
que la proximité de Ménexène avec les institutions de sa
cité est inversement proportionnelle à la distance qui le
sépare de la philosophie. Le lieu dont il sort, la salle du
Conseil, permet de mesurer son écart à la philosophie, les
vrais philosophes ignorant tout, eux, du chemin qui mène
aux lieux politiques de la cité démocratique (*Théétète* 173d).
Il y a, de toute évidence, du Calliclès en puissance chez
Ménexène, à en juger par sa fréquentation de l'agora, ses
hautes ambitions politiques, le rôle instrumental qu'il
confère à la « philosophie » et la négligence dont il semble
faire preuve quant à son éducation. Pour Calliclès aussi,
la philosophie n'est qu'une discipline de formation pour
adolescents, à laquelle un homme doit renoncer pour se
consacrer aux seules affaires qui comptent, celles qui se
déroulent « au centre de la cité, sur l'agora » (*Gorgias* 484a-
d). Mais la marge de réorientation possible de Ménexène
n'est pas nulle pour autant : à la différence de Calliclès, il
n'est pas encore sorti de l'adolescence et, on le verra, il
peut encore accorder un certain crédit à la parole de Socrate.
Ce que Socrate pointe en Ménexène est son ignorance
ignorante d'elle-même. Comme chaque poète et chaque
artisan sondé dans l'*Apologie*, qui se croit plus savant qu'il
n'est, ignore son ignorance et se prétend « très savant dans
les affaires les plus importantes » (*ta megista sophôtatos
einai*, *Apologie* 22d), Ménexène se croit, selon Socrate,
« parvenu au terme de [s]on éducation et de la philosophie

(*paideuseôs kai philosophias*), et comme [il] pense
désormais en être capable, [il] songe à [s]e tourner vers
de plus grandes entreprises », à savoir la tâche politique
(234a). Cette ignorance de Ménexène se traduit par quatre
erreurs de mesure : il estime être parvenu au terme de
l'éducation et de la philosophie, et ignore la juste mesure
de l'activité philosophique en lui fixant un terme ; il se
trompe sur le temps requis pour parvenir au terme supposé
de ce savoir et être légitimement en état de gouverner les
autres, comme si de jeunes gens en savaient assez pour
gouverner leurs aînés (*arkhein [...] tôn presbuterôn
tèlikoutos ôn*, 234a-b) ; il surestime sa propre aptitude à
gouverner les autres (*hôs hikanôs*, 234a), tout comme la
cité qui s'exprimera dans l'oraison rapportée par Socrate
prétendra elle aussi prendre « suffisamment » soin des
citoyens (*hikana*, 248d) ; et, enfin, il surévalue la fonction
politique et lui accorde une valeur suprême (*ta meizô*,
234a), au lieu de la subordonner au soin de son âme.

Cette quadruple erreur de Ménexène implique que ce
qu'il entend par philosophie est sans doute autre chose que
ce que le Socrate de Platon met sous ce terme. Tandis que
la *philosophia* désigne à l'époque de Platon un goût général
pour tout savoir intellectuel, ou l'apprentissage plus ou
moins technique du langage dispensé par des professeurs
de rhétorique qui est, lui, susceptible d'avoir un terme,
Platon lui fait subir un déplacement significatif où prime
moins la possession du savoir que sa recherche, une
recherche qui ne vise qu'à découvrir ce qu'il en est en
vérité [1]. C'est pourquoi en dénonçant la première erreur
de mesure de Ménexène, Socrate ne veut sans doute pas

---

1. Sur ce déplacement conceptuel, voir M. Dixsaut, *Le Naturel
philosophe. Essai sur les dialogues de Platon*, Paris, Vrin, [1985] 2001,
en particulier p. 41-83.

dire que la philosophie a un terme mais suggérer qu'elle
n'en a peut-être pas et que sa mesure « est la vie entière ».
Dans la *République*, Socrate répond à Adimante qui lui
demande comment pratiquer la philosophie :

> Quand les hommes sont adolescents ou enfants, il faut
> leur administrer une éducation et une philosophie
> (*paideian kai philosophian*) pour adolescents ; et prendre
> surtout grand soin de leurs corps, pendant la période où
> ils croissent et deviennent des corps d'hommes, de façon
> qu'ils y trouvent un soutien pour la philosophie. Puis,
> lorsque vient l'âge où l'âme commence à s'accomplir,
> intensifier les exercices qui la concernent. Et lorsque les
> forces leur font défaut, les rendant inaptes aux affaires
> de la cité et de l'armée, qu'alors on les laisse désormais
> paître comme des animaux sacrés, sans qu'ils fassent
> rien d'autre [*s.e.* que philosopher] [...]. (*République* VI,
> 498b-c)

C'est à rendre audible ce changement de sens de ce
qu'est et de ce que peut la philosophie que travaille Socrate
dans le *Ménexène*, dans l'interstice que la jeunesse de
Ménexène ouvre encore à sa parole. De cette quadruple
erreur de mesure, Menexène n'est sans doute pas
personnellement la cause : il est bien plutôt l'illustration,
le symptôme et le vecteur d'un certain rapport à la cité et
au langage hérité de longue date, et dont le fondement est
le souci de conserver le pouvoir dans sa famille (234b).
Son attitude est, de ce point de vue, tout à fait à l'unisson
de celle d'Athènes : l'oraison funèbre, discours d'Athènes
sur Athènes adressé aux Athéniens, n'a d'autre but que
d'assurer la cité de la docilité de ses citoyens au service
de sa politique de conquête, ce qui se marque dans le
caractère très répétitif du genre de l'oraison dont Socrate
va peu après faire la critique. Si Ménexène ressemble donc

à sa cité – cas particulier d'une thèse générale exposée dans la *République* – il est plus raisonnable d'espérer le faire changer lui pour la faire changer elle, que l'inverse.

Que cette réorientation soit possible est ce que semble indiquer – troisième élément signalant l'ambivalence du portrait de Ménexène dans ce prologue – l'autorité morale et intellectuelle que ce dernier reconnaît à Socrate et à ses conseils : « […] Socrate, si tu me permets et me conseilles (*sumbouleuèis*) de gouverner, j'y mettrai toute mon ardeur ; sinon, non » (234b). L'ambivalence de cette déclaration tient à ce que, derrière la preuve de confiance dont elle témoigne, elle signale aussi une méconnaissance de la pratique socratique de la philosophie et de ses implications. Ménexène semble s'attendre à recevoir des conseils de Socrate, comme si celui-ci allait lui prescrire la conduite à tenir. Ménexène est pris entre deux sortes de « conseil » : celui de la cité représenté ici par l'institution dont il vient de sortir et qui porte justement ce nom (la *Boulè*), et celui de Socrate, qu'il identifie à tort à une prescription venue de l'extérieur et à laquelle il lui faudrait se conformer. Il ne voit pas que la parole socratique engage d'abord une réforme de soi, fondée sur l'examen et la connaissance de soi comme âme se nourrissant de vérité.

LE GENRE DE L'ORAISON FUNÈBRE (234C-235C)

La seconde partie du prologue expose quel genre de discours est l'*epitaphios logos*. L'explication de la présence de Ménexène à la Salle du Conseil en fournit l'occasion : les membres du Conseil s'apprêtent à désigner l'orateur qui prononcera le discours sur les morts (234b). Le fait qu'on ait remis le choix au lendemain (*eis tèn aurion*, 234b) et le souci de Ménexène de donner son pronostic

– « Archinos ou Dion » – sont l'annonce discrète et encore incomprise de Ménexène que ce choix est sans objet puisque, on va le voir, l'oraison est à peu de choses près un discours sans auteur : les orateurs n'avaient qu'une faible part d'inventivité dans l'agencement des *topoi* du genre[1]. Archinos est le démocrate radical qui aida Thrasybule à débarrasser Athènes des Trente Tyrans. Dion est peut-être un ambassadeur dépêché par Athènes à Sardes auprès du roi de Perse pour négocier la paix en 392, ou, hypothèse plus plausible parce que les noms ne sont jamais choisis au hasard dans les Dialogues, l'ami syracusain de Platon, espoir de réalisation du philosophe-roi. Si donc l'on peut voir dans ces deux noms cités par Ménexène le témoignage de « l'absence de tout critère normatif dans la politique athénienne », ou bien une alternative entre « le mal probable : Archinos, et le bien impossible : Dion », on peut aussi y voir un signe supplémentaire de la double écriture ou de la double parole à l'œuvre dans ce texte. Comme Ménexène face aux deux trajectoires qui s'offrent à lui, la cité aurait le choix entre, d'un côté, un orateur inféodé à la cité et, de l'autre, un orateur formé à la philosophie[2].

Quoi qu'il en soit de ce choix fictif, Socrate va en récuser la pertinence, et par là celle de tout « conseil » à ce sujet, en raison de la nature même des oraisons funèbres. Pour ce faire, il présente d'abord les effets des oraisons

---

1. V. Frangeskou, « Tradition and Originality in Some Attic Funeral Orations », *The Classical World*, vol. 92, 4 (Mar.-Apr., 1999), p. 315-336.

2. J'emprunte à D. Loayza, *Platon. Ménexène*, trad., introd. et notes, Paris, Flammarion, 2006, n. 8 p. 86-87, ces deux citations qui sont respectivement de N. Loraux, *L'Invention d'Athènes. Histoire de l'oraison funèbre dans la cité classique*, Paris, Payot, 1993, n. 123 p. 426 ; et P. Vidal-Naquet, *La Démocratie grecque vue d'ailleurs*, Paris, Flammarion, 1990, p. 104.

sur l'auditoire (234c-235c), puis la façon dont elles sont composées (235c-237b), cette seconde partie prenant pour exemple celle composée par Aspasie.

Ce que peut l'oraison

Sans doute la plus commentée en détail, cette section du dialogue décrit les effets de l'oraison funèbre, certes en les moquant comme Ménexène le notera (*prospaizeis*, 235c), mais aussi en signalant leur troublante ressemblance avec ceux produits par la parole socratique, du moins pour ceux qui en sont familiers. Ce que ce préambule laisse entendre, et que l'oraison funèbre rapportée ensuite par Socrate montrera, est que ce genre civique est, selon la formule de N. Loraux, « l'autre du discours socratique » [1] – formule qu'il faut toutefois nuancer : cette altérité est moins une altérité radicale qu'une forme très dégradée de la parole philosophique avec laquelle elle entretient une troublante parenté de surface. Ce qui explique que Platon s'y soit intéressé au point de lui consacrer un Dialogue : comme l'*Ion*, le *Gorgias*, le *Phèdre* et le *Banquet*, le *Ménexène* sonde l'un des usages non philosophiques du *logos* ayant cours à Athènes pour mieux faire comprendre par différence la spécificité du discours philosophique et évaluer la distance qui les sépare l'un de l'autre. Loin d'être un discours mineur ou secondaire dans l'espace civique athénien, l'oraison funèbre est en effet l'occasion privilégiée pour la cité de s'adresser à tous ses membres, morts et vivants, toutes générations confondues, et de réaffirmer à tous ses valeurs. Elle agit sur leur âme en

---

1. N. Loraux, « Socrate contrepoison de l'oraison funèbre. Enjeu et signification du *Ménexène* », *L'Antiquité classique* 43, fasc. 1, 1974, p. 173.

tâchant de lui imprimer une certaine direction, tout comme le dialogue socratique comporte une incontestable visée protreptique et politique, Socrate prétendant dans le *Gorgias* (521d) être le seul à s'occuper vraiment de politique par l'entremise des entretiens qu'il a avec certains de ses concitoyens. La ressemblance entre sa parole et l'oraison tient ainsi à la fois à la qualité ou beauté de ces discours – mesurée toutefois à l'aune de critères différents dans chacun des deux cas – et à la similitude de leurs effets – l'ensorcellement des âmes et la transformation des auditeurs. Mais ces ressemblances dissimulent une profonde dissemblance et une véritable concurrence entre ces deux paroles, qui correspondent chacune à deux manières de dire la politique, de la concevoir et de la faire, ainsi qu'à deux manières de se représenter ce que parler et savoir veulent dire. Dans les mots même par lesquels il présente le genre de l'oraison, Socrate glisse donc une autre parole, la sienne, ou plutôt celle de la philosophie. Tout en exposant la version du discours funèbre caractéristique de sa propre idée de la démocratie athénienne, Socrate en fait la critique en orientant l'auditeur ou le lecteur attentif vers une autre parole politique possible pour Athènes, dont il ne donne toutefois que les linéaments, faute d'entretien dialectique approfondi avec son jeune interlocuteur. Comment se présente donc cette parole double ?

À la différence du début des *Lois* où l'Athénien montre que le courage ne saurait être la vertu suprême mais seulement la quatrième à condition d'être accompagné de justice, de tempérance et de réflexion, et qu'il consiste surtout à savoir se dominer soi-même (*Lois* I, 629a-630d), Socrate commence ici par examiner une opinion en vigueur dans les cités qui identifient la vertu au courage – « Il se peut que ce soit une belle chose que de mourir à la guerre »

(234c) – et énonce les « compensations » que la cité réserve à ceux qui consentent à un tel sacrifice. Avant d'examiner ces compensations, notons que faire de la « belle mort » (246d) la valeur suprême de la conduite humaine rend caduque la question la plus importante pour Socrate : « de quelle manière faut-il *vivre* ? » (*Gorgias*, 500c ; je souligne), laquelle n'est pas incompatible, bien au contraire, avec l'entière dévotion à la vie de citoyen requise dans la cité juste, comme le montrent les *Lois* [1]. S'il faut mourir pour la cité et si on va le voir, l'oraison, égalise les morts, à quoi bon s'efforcer de changer de vie en prenant soin de son âme ?

Une sépulture belle et grandiose

Le dénominateur commun des compensations que les soldats athéniens peuvent escompter en échange du sacrifice de leur vie est une complète égalité de traitement. Cette égalité est entérinée dans le cadre d'un rituel dont les actes et surtout les mots, qui intéressent ici davantage Socrate, se caractérisent par l'injuste indistinction de tous sous couvert d'une apparence de beauté et de justice.

La première compensation, matérielle, est une « belle et grandiose » sépulture (*kalès kai megaloprepous*, 234c). L'emphase maladroite produite par la redondance de ces deux adjectifs fait écho à l'ironie qui accompagne l'emploi de « grandiose » ou « magnifique » dans d'autres dialogues de Platon, souvent à propos d'une manière de parler ou d'un type de discours : par exemple quand Socrate juge

---

1. Voir S. Sauvé Meyer, « The moral dangers of labour and commerce in Plato's *Laws* », Plato's *Laws : From Theory into Practice. Proceedings of the VIth Symposium Platonicum*, S. Scolnicov, L. Brisson (eds.), Sankt Augustin, Academia Verlag, 2003, p. 207-214.

sophistique et éristique un argument d'Euthydème et de Dionysodore (*Euthydème*, 303c), ou quand il évoque la façon de répondre des Thessaliens, propre aux « gens qui savent » et qu'ils ont apprise de Gorgias (*Ménon*, 70c). Dans ce passage du *Ménexène*, l'ironie porte certes sur les bénéficiaires d'une telle sépulture, son caractère grandiose important sans doute davantage aux vivants qu'aux morts, mais surtout sur ce dont elle est le signe. Elle l'est, d'abord, du cynisme d'Athènes, qui achète par une belle apparence l'obéissance de ses citoyens. Elle l'est, ensuite, de l'égal traitement réservé à ses soldats par la cité, quelle qu'ait été leur condition économique (« même si l'on est pauvre » 234c [1]). Ce second point, qui annonce le thème de la double égalité propre au régime démocratique – égalité de nature et égalité par la loi (*isonomia*, 238b-239a) – évoque le principe d'indistinction radicale que la cité démocratique applique à ses membres, et qui sera confirmé peu après.

Plus que par rapport au *Phédon*, où Socrate se déclare certes indifférent à sa propre sépulture (*Phédon* 115e) – sans doute parce que son exceptionnalité dans la cité empirique ne saurait se satisfaire des marques d'honneurs que celle-ci distribue – la différence dans la ressemblance entre le *Ménexène* et d'autres textes de Platon se joue plutôt avec ceux qui évoquent la cité, notamment la *République* et les *Lois* : sans quoi on ne saurait comprendre que Socrate ne cherche pas tant à conduire l'oraison à l'autodestruction, qu'à la situer par rapport à ce qu'est la juste traduction de la parole philosophique dans la cité juste. Ainsi, s'il est vrai que les honneurs d'une sépulture sont aussi accordés aux gardiens de la *kallipolis*, trois différences sont toutefois

---

1. *Cf.* Thucydide, *Hist.* II, 37.

notables avec le *Ménexène*. D'une part, la valeur de la
sépulture est proportionnée à la nature de la fonction
remplie dans la cité juste : les « plus grands privilèges en
matière de tombeaux et d'autres monuments commémoratif
(*mnèmeiôn*) » sont réservés aux gardiens (*République* III,
414a), avec cette conséquence que la sépulture des gardiens
est « digne » (*axias*) de leur fonction (*République* V, 465e)
plutôt que « grandiose ». Ce même souci de proportionnalité
figure dans les *Lois* à propos des frais de sépulture à accorder
aux citoyens selon leur classe censitaire, témoin indirect
de leur valeur éthique et politique (*Lois* XII, 959d). D'autre
part, les gardiens reçoivent aussi des honneurs de leur
vivant (*zôntes*, *République* V, 465e), tout comme les citoyens
des *Lois* (I, 632b), et pas seulement au moment de leur
mort, comme cela semble être le cas pour les défunts du
Ménexène. Enfin, en indifférenciant ses morts dans l'oraison
funèbre, Athènes les plonge irrémédiablement dans l'oubli,
là où la *République* souligne la portée mémorielle de la
sépulture, monument commémoratif parmi d'autres
(*mnèmeiôn*, *République* III, 414a) dressés en leur honneur.
À la sépulture de mémoire de la *République*, qui rend
hommage à une manière de vivre, le *Ménexène* oppose
une sépulture d'oubli qui sanctionne une façon de mourir.

L'éloge et son contenu

Le second bénéfice que les morts à la guerre peuvent
escompter est de nature morale : c'est le discours d'éloge
collectif que chacun reçoit indistinctement, quel que soit
son mérite propre, « même s'il ne valait rien (*phaulos*) »
(234c), et par lequel il se voit attribuer même des qualités
« qu'il ne possède pas » (*kai ta mè [prosonta]*, 235a). Il
va de soi que cette aberration flagrante de l'oraison relève
ici d'une veine comique qui dévalorise le prétendu « savoir »

des auteurs de cet éloge (*andrôn sophôn*, 234c), Platon reprenant ici à son compte les armes de l'ancienne comédie pour dissiper le « mirage des *epitaphioi* » [1]. Une telle critique coïncide tout à fait avec celle du *Banquet*. Le statut que, dans ce Dialogue, Socrate prête à l'éloge sous sa forme la plus classique, celle qui ne repose sur aucun examen dialectique, invalide d'emblée toute lecture qui prétendrait voir dans l'oraison qu'il va rapporter ensuite un texte à l'égard duquel il n'aurait aucune distance, ou qui serait porteur d'un contenu politique positif, platonicien ou socratique. Car qu'il s'agisse d'*éros* ou d'autre chose, l'éloge fait son possible pour

> doter [son objet] de tous les attributs, pour proclamer l'excellence de sa nature, de façon à faire apparaître qu'il est le plus beau et le meilleur possible – aux ignorants, cela va sans dire, mais pas en tout cas [...] à ceux qui savent à quoi s'en tenir. (*Banquet*, 199a).

La conclusion ironique – « c'est une chose belle et solennelle (*semnôs*) que l'éloge » (*Banquet*, 199a) – ne manque pas d'évoquer cette solennité toujours associée chez Platon à ce qui est prétentieux et vain. Quand il repose sur l'ignorance *et* la rhétorique, l'éloge peut faire passer un âne pour un cheval et, cas plus grave, le mal pour le bien (*Phèdre*, 260b-d).

Toutefois, l'éloge qui repose sur un savoir vrai possède une force éducative et politique dont Platon reconnaît la nécessité et les bienfaits. Ainsi en va-t-il dans les *Lois* : les législateurs de la cité correctement fondée prévoient que

> tous ceux des citoyens qui auront franchi le terme de la vie après avoir, selon le corps ou selon l'âme, accompli

---

1. N. Loraux, *L'Invention d'Athènes, op. cit.*, p. 321-322 en particulier.

> de belles actions et s'être donné de la peine (*kala kai epipona*) et qui auront docilement obéi aux lois, se verront adresser des éloges (*enkômiôn*) comme il convient (*prepon*). (*Lois* VII, 801e)

La proximité formelle de ce passage des *Lois* avec l'oraison du *Ménexène* signale, par leur différence de contenu, que le contexte politique du second texte est la version très dégradée du premier, son avatar démocratique. La vertu civique et éthique des Magnètes ne se mesure pas, en effet, à leur sens du sacrifice sur le champ de bataille – les *Lois* excluant d'emblée que la guerre puisse être le but légitime de la politique et le courage la plus haute des vertus (I, 628c-630d) – mais à leurs actes quotidiens dans différents ordres (économique, religieux, social, politique) et, signal d'un éloge juste parce que proportionné, aux efforts consentis par chacun pour les accomplir.

En quoi consiste donc ce pseudo-savoir des orateurs qu'évoque Socrate dans le *Ménexène* et qui leur permet de fabriquer de tels éloges ? De type rhétorique, il consiste en un usage du langage plus soucieux de beauté que de vérité. Cette beauté toute relative – « [...] magnifique *en un sens* (*kallista pôs*) » (235a ; je souligne) – a ici pour critère non la vérité du discours mais le « bariolage des mots » qui le composent (*tois onomasi poikillontes*, 235a), soit une parure formelle destinée à charmer l'auditeur pour mieux l'endormir. Deux références confirment ce jugement critique porté par Socrate sur ce « bariolage » verbal. D'une part, la recherche d'un vocabulaire riche et varié est caractéristique de la rhétorique contemporaine de Platon : c'est à la *poikilia* de leurs discours que Gorgias et Isocrate devaient en partie leur notoriété[1], tout comme c'est à la

---

1. W. Vollgraff, *L'Oraison funèbre de Gorgias*, Leiden, 1952, p. 5-6.

richesse de son vocabulaire, non à la vérité de ses propos, que Lysias doit la séduction qu'il exerce sur Phèdre (*tois onomasin*, *Phèdre* 234c). D'autre part, ce bariolage fait écho au portrait que Socrate brosse de la démocratie dans la *République* : ce régime est comme un grand « manteau bigarré » (*himation poikilon*, *République* VIII, 557c), ou comme un « grand marché » constitutionnel où l'on trouve toutes les sortes de constitutions, et où chacun trouve une manière de vivre à sa convenance. C'est ce qui vaut à la démocratie, de la part de bien des gens, la palme de la beauté (*République* VIII, 557c-558a) et c'est ce qui explique aussi, à l'inverse, le refus de l'Athénien de fonder une cité « aux mœurs bigarrées et médiocres (*èthè kai poikila kai phaula*) » (*Lois* IV, 704e). L'oraison, parole démocratique la plus emblématique, est ainsi à l'unisson des fondements politiques du régime où elle s'énonce.

À l'évidence, l'oraison funèbre athénienne est une infraction flagrante à l'égalité géométrique ou proportionnelle que Platon considère comme la véritable justice ou comme supérieure à l'égalité arithmétique (*Lois* VI, 756e-757c ; *Gorgias* 507e-508a). Non seulement l'*epitaphios logos* ne fait aucune différence entre les mérites individuels, mais en outre, s'il ne loue certes pas « au hasard » (*ouk eikèi*, 234c), il ne relève pas pour autant d'un art prenant pour critère le « bien mesuré », c'est-à-dire « le convenable, l'opportun, le requis » (*Politique* 284e). Préparé, au contraire, de longue date (*ek pollou khronou [...] paraskeuasmenôn*, 234c) – procédé qui sera précisé peu après –, il est par hypothèse incapable d'apprécier la valeur des individus et de leurs actes dans leur particularité, comme l'exigeraient pourtant à la fois la justice et le véritable éloge. Cette injustice foncière de l'éloge est le corollaire de l'indistinction qu'il met en œuvre : indistinction des individus morts sur le champ de bataille, mais aussi indistinction des générations et des vivants avec les morts (235a). Cette seconde confusion signale aussi que la cité ne voit dans les vivants que des morts en puissance, conformément au sacrifice qu'elle attend d'eux. C'est pourquoi l'oraison n'a qu'un but : célébrer la cité « par tous les moyens » (*kata pantas tropous*, 235a), faire oublier par de « belles » paroles qu'il existe une autre parole possible, celle que Socrate fait affleurer dans son discours et dont toute la question est de savoir si Ménexène parvient à l'entendre.

Cette présentation de la rhétorique démocratique évoque en effet discrètement la vraie rhétorique mentionnée dans le *Phèdre* et dans le *Gorgias*, dont elle est le double très pâli, le fantôme démocratique quand la philosophie n'est pas là pour lui insuffler le souci du vrai. Ainsi de la « bigarrure », qui n'est pas à exclure d'emblée : à l'issue d'un travail dialectique sur la diversité des types d'âme et des types de discours qui leur sont adaptés, la rhétorique tournée vers l'enseignement du vrai « offre, en effet, à une âme complexe (*poikilèi psukhèi*) des discours complexes (*poikilous logous*) et qui correspondent exactement à ce qu'elle demande, et des discours simples à une âme simple » (*Phèdre* 277c). De même avec le refus de procéder « au hasard » (*ouk eikèi*, 234c). L'homme vertueux qui a le plus grand bien en vue ne parle pas lui non plus au hasard (*ouk eikèi*, *Gorgias* 503d-e). Il arrange son discours pour produire dans l'âme de ses auditeurs cet ordre qui a pour nom justice et tempérance (*Gorgias* 503d-504d), alors que l'indistinction à l'œuvre dans l'oraison y produit au contraire désordre et injustice. Procédés similaires, buts et effets opposés : au-delà de la critique, Socrate propose moins une destruction de l'*epitaphios logos* qu'un repérage de sa position par rapport à la parole philosophique. Il en va de même à propos des effets de l'oraison, qui font écho à l'ensorcellement produit par Socrate.

Effets de l'oraison

L'oraison est un discours qui ensorcèle l'âme (*goèteuousin hèmôn tas psukhas*, 235a) et dont les quatre caractéristiques suivantes sont, dans un premier temps, entièrement opposées à celles de la parole socratique.

D'une part, comme tout éloge dans sa version ordinaire, non philosophique, l'oraison altère la vérité ou réalité de son objet en le magnifiant (*Banquet*, 199a), au point de rendre Socrate « plus grand, plus noble », et surtout « plus beau », ce qui n'est pas rien quand on sait que la beauté physique n'était pas, de l'aveu de ses interlocuteurs, sa qualité première (*Théétète*, 143a ; *Banquet*, 215b-c).

D'autre part, l'ironie amusée avec laquelle Socrate décrit les effets de l'oraison et de sa surenchère de beauté (on dénombre cinq occurrences de *kalos* et de termes de la même famille entre 234c et 235b), a ceci de sérieux que, selon lui, ce type de discours ne lui offre pas seulement une représentation altérée de lui-même à laquelle il serait libre d'adhérer ou non, mais le conduit à *se représenter lui-même* (*hègoumenos*, 235b) comme pourvu de ces qualités en excès et faussées. Sous l'effet d'une douce violence ou d'une violence insensible, l'oraison contraint le rapport réflexif à soi-même à prendre le chemin du faux et à empêcher la connaissance de soi, là où le dialogue socratique conduit au contraire l'interlocuteur à se connaître lui-même comme âme affectée par le désir de vérité. L'oraison fige ou paralyse l'âme – Socrate se déclare « cloué sur place » (*hestèka*, 235b) – par le charme

hypnotique (*kèloumenos*, 235b) qu'elle exerce sur elle,
écho à la description que Socrate donne de la parole
sophistique. Le sophiste est un sorcier (*tis tôn goètôn*,
Sophiste 235a; 241b) qui « ensorcèle [les jeunes gens] par
ses paroles » (*tois logois goèteuein*, *Sophiste* 234c), et dans
le *Protagoras*, le sophiste éponyme est comparé à Orphée
pour le charme de sa parole (*kèlôn*, *Protagoras* 315a;
kekèlèmenoi, 315b; *kekèlèmenos*, 328d). L'immobilité
provoquée sur l'âme par l'oraison contraste non seulement
avec le reproche adressé par ses juges à Socrate : il « se
mêle des affaire des autres (*polupragmonei*) » et est
condamné « pour n'avoir pas su rester tranquille
(*hèsukhian*) » (*Apologie de Socrate*, 31c; 36b), c'est-à-dire
pour avoir voulu sonder les fondements des prétentions
des pseudo-savants au savoir et au pouvoir. Mais cette
immobilité contraste aussi avec le mouvement de la pensée
telle que le conçoit Platon : qu'il s'agisse de passer d'une
hypothèse à un principe (*République* VI, 511a-d), de
« s'élancer à travers le *logos* vers ce qu'est la chose »
(*République* VII, 532a), des propos de Socrate qui ne
tiennent pas en place (*Euthyphron*, 11d-e), ou bien encore
du mouvement de la réminiscence (*Ménon*, 81c-e), la
puissance dialectique est tout entière sous le signe du
mouvement parce qu'elle est, par définition, circulation
du *logos*. L'oraison, parole figée comme le marbre des
cimetières, condamne l'âme à mort en la condamnant à
l'immobilité et à l'oubli : à preuve, l'oubli de soi dont
Socrate dit pâtir, et l'exhortation finale aux vivants de
s'identifier aux morts (246a-b; 246d-247b). En se disant
« transporté » dans l'Île des Bienheureux, lieu de séjour
posthume des âmes justes dans la mythologie grecque, et
de celles des philosophes chez Platon (*Gorgias*, 523a-b;

République VII, 540b), Socrate dénonce le non-lieu vers lequel l'oraison déporte l'âme en feignant de la rendre heureuse par l'image falsifiée qu'elle lui renvoie d'elle-même.

De plus, sur les Athéniens et les étrangers qui accompagnent Socrate, l'oraison agit avec une immédiateté magique (deux occurrences de *en tôi parakhrèma*, 235b), corollaire de celle avec laquelle, on le verra, Aspasie a composé son discours funèbre (*ek tou parakhrèma*, 236b) parce que ce genre de prose s'élabore à partir d'éléments tout prêts (235d). L'enquête dialectique, elle, n'a pas d'effets immédiats, voire pas d'effets du tout, sur les interlocuteurs de Socrate, hormis peut-être sur ceux qui sont déjà prêts à le suivre, comme Glaucon et Adimante dans la *République*. Elle suppose de faire violence à ses convictions ou aspirations immédiates, et d'accepter de longs et patients détours pour atteindre le vrai concernant des sujets difficiles. On peut supposer aussi que, lorsqu'elle a lieu, la conversion philosophique est définitive ou durable, à l'opposé de l'effet éphémère – quatre ou cinq jours (235c) – produit par l'oraison, et que ridiculise d'autant la mention de l'Île des Bienheureux où les philosophes, eux, séjournent pour toujours.

Enfin, ce n'est pas seulement un effet psychologique personnel ou individuel que produit l'oraison, mais un effet communicatif, collectif et, étant donné le contexte, politique. Socrate souligne qu'en écoutant un tel discours, il devient plus « important » (*semnoteros*, 235b ; *semnotès*, 235b) aux yeux des étrangers (*xenoi tines*, 235b) qui l'accompagnent. Toujours péjoratif chez Platon, l'adjectif *semnos* désigne une majesté d'emprunt, injustifiée, procédant d'une autoglorification qui, en retour, rabaisse les autres sur la base d'une mauvaise division entre le propre et l'étranger[1]. Ce n'est pas ici Socrate qui l'éprouve, puisque justement il est capable de s'en moquer : il s'en trouve au contraire paré par les auditeurs étrangers, eux-mêmes victimes de l'illusion produite par l'oraison, ce *semnos logos* par excellence qui ramène l'autre au même, le différent au semblable. Indûment assimilé à la cité de son temps et aux valeurs qu'elle célèbre, Socrate est noyé dans la masse. Son « atopie » (*Phèdre*, 229c ; *Gorgias*, 494d ; *Banquet*, 175a ; *République* VII, 515a) passe inaperçue, ce qui n'est pas sans ironie au regard des chefs d'inculpation retenus contre lui lors de son procès (*Apologie de Socrate*, 24b-c), qui signalent au contraire sa « dangereuse » singularité. L'oraison funèbre fabrique ainsi une identité collective qui dissout les singularités, au point de rendre aveugle à la différence de Socrate, à la différence qu'est Socrate. Les étrangers, on le voit, sont finalement comme les Athéniens : ils se laissent prendre au jeu des mauvaises différences. Pour expliquer cette « efficacité » de l'oraison, Socrate signale que ce qui parvient à ses oreilles est moins le contenu du *logos* que sa dimension physique de parole travaillée par la voix (*phthongos*, 235c) et la sonorité évoquant la musicalité de la flûte (*enaulos*, 235c). À l'opposé des « paroles à l'état brut » de Socrate (*psilois logois*, *Banquet*, 215c[2]) qui vont à l'essentiel sans se préoccuper de leur effet, les mots-sons de l'oraison façonnent une mémoire immédiate chez l'auditeur, monopolisant son attention et empêchant le mouvement

---

1. Sur cet adjectif, voir G. de Vries, « *Semnos* and Cognate Words in Plato », *Mnémosynè*, 1944, p. 151-156 ; N. Loraux, *L'Invention d'Athènes*, *op. cit.*, p. 329-337 ; « Socrate contrepoison de l'oraison funèbre », art. cit., p. 194.

2. Voir plus bas 239c et notre commentaire.

de sa pensée. Le cas est semblable à celui de la fin du *Criton* (54d) où la prosopopée des lois résonne tellement en Socrate qu'il est incapable d'entendre d'autres discours. Il congédie alors Criton qui tentait de le convaincre de quitter la prison avec lui. Ces deux discours politiques, la prosopopée des lois et l'oraison, que rapproche une même intention normative sur la base de motifs toutefois distincts, produisent une émotion dont l'efficacité, stabilisatrice pour les lois, paralysante pour l'oraison, se paye dans les deux cas d'un seul et même effet : la mise à l'écart du mouvement du dialogue et de l'inventivité dialectique dont il est porteur.

Sur tous ces points, l'oraison est donc bien « l'autre du discours socratique ». Mais elle n'entretient pas moins avec lui un rapport d'étroite ressemblance. La parole socratique produit elle aussi un charme sur ses auditeurs (*kéléthènai*, *République* II, 358b). Socrate fait lui aussi, par la nature singulière de sa parole, figure de sorcier (*goéteueis*, *Ménon*, 80a-b), et il ressemble à la fois au satyre Marsyas, qui, une flûte à la main, charme les humains par la puissance de son souffle (*Banquet*, 215b-d), et à une Sirène enchanteresse (*Banquet*, 216a). Mais la visée de ce charme est, assurément, toute différente de celle de l'oraison. À la falsification paralysante produite par cette dernière, qui dépossède chacun de lui-même, c'est-à-dire de la puissance propre de son âme, s'oppose la parole vraie qui ébranle l'âme et l'incite à se réorienter vers ce qui est vraiment. L'oraison ensorcelle l'auditeur pour lui imposer ce qu'il doit faire et penser au nom d'une norme et d'un pouvoir arbitraires parce qu'étrangers au vrai. La parole socratique, elle, fait ressentir cette force déstabilisante du vrai qui, selon les cas, conduit son interlocuteur à ne plus savoir ce qu'il pense (*Euthyphron*, 11b), à se sentir paralysé comme par une torpille et ne savoir quoi lui répondre

(*Ménon*, 80a-b), ou encore, pour les plus doués comme Alcibiade, à entrevoir la vérité nue sur eux-mêmes (*Banquet*, 216b). Ces deux effets semblables et pourtant différents sont articulés moins selon un rapport d'antagonisme frontal et radical, comme N. Loraux le présente, qu'au nom de la mesure d'un écart et d'une logique de transformation possible à partir de la critique même de l'oraison à laquelle Socrate se livre. Car si Ménexène est sensible aux effets du discours funèbre, il devrait donc être sensible à ceux de la parole de Socrate et pouvoir se laisser porter par eux pour s'orienter vers la philosophie. Le Dialogue ne permet cependant pas d'en savoir plus sur ce revirement possible.

RÈGLES POUR LA COMPOSITION
D'UNE ORAISON (235C-E)

Un discours improvisé?

Que Ménexène perçoive le ton de la plaisanterie dans les propos de Socrate (*prospaizeis*, 235c) n'implique pas qu'il perçoive tout le sérieux de cette plaisanterie. Il semble plutôt voir là un trait coutumier de son interlocuteur (*aei*, 235c), une tendance habituelle à la déformation moqueuse comme celle que Gorgias aurait perçue, selon Athénée, à la lecture du dialogue de Platon portant son nom : « Comme Platon sait bien se moquer (*iambizein*) ! » aurait dit l'orateur [1]. Ménexène obéit manifestement à la dichotomie ordinaire de la plaisanterie et du sérieux, et ne voit ni le sérieux de l'ironie ni l'allusion en filigrane à la parole socratique ou philosophique. C'est ce qu'indique, d'une part, le fait qu'en général, contrairement à ce que dit

---

1. Athénée, *Deipnosophistes*, 505d.

Ménexène (235c), les critiques de Socrate ne visent pas personnellement les orateurs (*Gorgias* 453c ; 454c ; 457d) mais plutôt les implications éthiques ou politiques de la rhétorique ; et, d'autre part, le fait qu'immédiatement après ce premier commentaire, Ménexène dise parler « sérieusement » de l'oraison, comme si la plaisanterie socratique n'avait donc rien de sérieux.

En expliquant à Socrate pourquoi l'orateur que la cité va choisir n'aura pas la tâche facile – selon lui, le court délai entre le choix de l'orateur et le moment où il devra parler fera qu'il aura peu de matière et sera « forcé d'improviser, si l'on peut dire » (235c) – Ménexène montre qu'il n'a manifestement pas entendu que, dans la réplique antérieure, Socrate signalait déjà que les orateurs « ont depuis longtemps préparé leurs discours » (234c). C'est à le détromper que Socrate s'emploie dans la suite, en montrant que la composition de l'oraison n'implique aucun art mais une routine répétitive, et que l'improvisation est sans doute la dernière qualité d'une oraison funèbre. Pour Ménexène l'improvisation est, par certain côté, le sommet de l'art, conformément à ce que dans son traité *Sur les auteurs de discours écrits* ou *Sur les sophistes*, Alcidamas d'Élée, élève de Gorgias, aurait expliqué. Pour Alcidamas, cette qualité suppose un sens aigu du *kairos*[1], qui ne consiste pas tant à être capable d'inventer des thèmes nouveaux qu'à savoir combiner les lieux communs de la façon la plus adaptée aux circonstances du discours. Toutefois, le « si l'on peut dire » (*hôsper*, 235c) souligne que Ménexène

---

1. Voir R. Goulet (dir.), *Dictionnaire des philosophes antiques* I, Paris, CNRS, 1989, p. 101-110. Voir aussi R. Clavaud, *Le* Ménexène *de Platon et la rhétorique de son temps*, Paris, Les Belles Lettres, 1980, p. 102-105.

avance cette idée avec hésitation : si l'improvisation peut passer pour le sommet de l'art, elle peut aussi, à l'inverse, passer pour un manque de compétence, un défaut de *tekhnè*, celle-ci supposant une série de règles et de procédés dont la mise en œuvre requiert un temps plus étendu que l'instantanéité de l'improvisation. La critique de Socrate montre que, contrairement à la dialectique qui rend l'interlocuteur lui-même plus inventif (*Politique*, 287a), cette improvisation rhétorique n'est en rien inventive, elle n'est que le nom pompeux d'une simple reprise.

Sans doute pour parodier cette dimension répétitive et montrer qu'elle rend « sourd », Socrate lui-même répète ce qu'il vient de dire – les orateurs ont des discours tout prêts (235d ; 234c). Dans l'oraison, improviser c'est répéter, à quelques minimes variations près qui ne requièrent aucun art. Un tel procédé, déclare Socrate, n'a en effet « rien de difficile, *du moins sur de tels sujets* (*ta ge toiauta*) » (235d ; je souligne). Cette restriction a toute son importance. Elle porte d'abord sur les conditions d'énonciation de l'oraison, c'est-à-dire le fait de louer les Athéniens en leur présence. Ces conditions rappellent celles de la flatterie démagogique évoquée par Socrate, qu'il s'agisse de l'image du peuple en gros animal que l'orateur apprend à domestiquer à son profit (*République* VI, 493a-c), ou de l'analogie du cuisinier donnant aux enfants ce qu'ils aiment manger, là où le médecin viendrait sans succès leur prescrire ce qui serait bon pour leur santé mais pas forcément plaisant à avaler (*Gorgias*, 464d-e). Dans une telle situation, rien ne prouve la compétence réelle de l'orateur mais seulement sa compétence apparente (*dokein*, 235d), sans que soient clarifiés les critères du « bien parler » (*eu legein*, 235d). « *Bien* parler » peut renvoyer, d'un côté, à la parole rhétorique persuasive mais aussi, de l'autre, à la parole de vérité qu'une telle expression désigne également et qui requiert sa rhétorique propre, la « bonne » évoquée dans le *Phèdre* et le *Gorgias*. L'allusion à l'antagonisme entre Athènes et le reste du Péloponnèse, par quoi Socrate signale que le véritable test de la compétence de l'orateur serait de faire l'éloge de l'ennemi devant ses compatriotes, n'est pas sans évoquer par analogie la situation de Socrate voyant en Calliclès la pierre de touche de son propre discours pour tenter de le persuader de changer de vie (*Gorgias*, 486d-487e), ou encore, celle de Socrate devant ses juges et sa cité dans l'*Apologie*, tentant sans succès de « bien parler ». D'un seul et même geste, Socrate disqualifie les prétendus « *sophoi* » qui composent les oraisons à Athènes (234c), et il égratigne au passage les Athéniens, dont Ménexène, ainsi que les étrangers appelés à juger le talent rhétorique, tous se laissant prendre à ce jeu de dupes, à cette compétence qui n'est qu'apparente (*dokein*, 235d).

Mais la restriction « *du moins sur de tels sujets (ta ge toiauta)* » porte aussi sur la nature du discours funèbre et son contenu, par contraste avec le discours philosophique : sa relative facilité doit être opposée au leitmotiv platonicien de la difficulté de la recherche philosophique (*Politique*, 297d ; *République* V, 450c ; VI, 484a ; *Ménon*, 82a-b ; *Phèdre*, 250a), ainsi qu'à l'existence d'une improvisation philosophique. Celle-ci consiste à savoir comment s'orienter dans la pensée, comment sortir des apories, comment inventer des procédés nouveaux pour avancer vers le vrai, ce que Platon exprime par diverses métaphores, notamment celle, omniprésente, du chemin à suivre ou celle de la « seconde navigation » (*Philèbe*, 19c ; *Phédon*, 99d ; *Politique*, 300c).

L'oraison de Socrate :
   l'oraison d'Aspasie, de tous et de personne

L'improvisation ainsi écartée comme procédé de composition, l'oraison se révèle un discours impersonnel, obéissant à des schémas tout faits. Elle est indifféremment le discours de tous ou de personne, soit un discours sans auteur. C'est ce qui explique la réponse de prime abord paradoxale de Socrate à la demande de Ménexène qui le met au défi de prononcer une oraison si, justement, le genre n'a rien de difficile : Socrate se déclare à la fois capable d'en prononcer une (*hoiôi einai eipein*, 235e) parce qu'il a eu de bons maîtres de rhétorique, et, quelques lignes plus bas, incapable de rien tirer « de son propre fonds » s'il lui fallait en composer une (*autos men par'emautou*, 236a). L'oraison de Socrate, ce sera donc l'oraison d'Aspasie, oraison qui n'est elle-même qu'un rapiéçage de morceaux tout prêts. Avant de revenir sur cette double réponse ambiguë, pourquoi Platon choisit-il donc un tel personnage pour exposer la pièce centrale du dialogue ?

D'Aspasie, les Anciens nous ont transmis un portrait pour le moins ambivalent [1]. D'un côté, ils lui reconnaissent une réelle intelligence politique et un goût affirmé pour la vie de l'esprit, qu'elle manifeste notamment en fréquentant

---

1. Sur Aspasie : Plutarque, *Vie de Périclès*; M.H. Henry, *Prisoner of History. Aspasia of Miletus and her Biographical Tradition*, Oxford, Oxford University Press, 1995 ; C. Glenn, « Locating Aspasia on the Rhetorical Map », *in* M. M. Wertheimer (ed.), *Listening to Their Voices. The Rhetorical Activities of Historical Women*, Columbia (SC), University of South Carolina Press, 1997, p. 19-41 ; N. Loraux, « Aspasie, l'étrangère, l'intellectuelle », *Clio. Histoire, femmes et sociétés*, 13, 2001, p. 17-42 ; D. Nails, *The People of Plato. A Prosopography of Plato and Other Socratics*, Indianapolis-Cambridge, Hackett Publishing Company, 2002, p. 58-62 ; D. Jouanna, *Aspasie de Milet*, Paris, Fayard, 2005.

sophistes et orateurs de renom. Ces qualités expliqueraient une part de son influence sur les dirigeants qui s'éprirent d'elle, en particulier Périclès. De l'autre, ils font peser sur elle nombre d'accusations sur la prétendue légèreté de ses mœurs – on la dit courtisane, prostituée voire tenancière de maison close. Promises à une longue postérité, ces attaques lui valurent de son vivant un procès pour impiété, probablement destiné à déstabiliser Périclès lui-même [1]. Il ne faut donc pas s'étonner que les poètes se soient vite emparés d'un personnage si haut en couleurs [2].

Mais plutôt que le personnage historique, l'Aspasie du *Ménexène* est sans doute, selon le mot de N. Loraux, « une fiction ou une fonction » [3], avec laquelle Socrate entretient une troublante relation de distance et de proximité, analogue à celle qu'il instaure entre le genre traditionnel de l'oraison funèbre et le discours philosophique. Tout réunit en effet ces deux personnages : même atopie au cœur de l'Athènes démocratique – lui parce qu'il est philosophe, porteur d'une parole inédite et transgressive dans une cité qui refuse de l'entendre, elle parce que son statut de femme et d'étrangère, éduquée et évoluant au centre du pouvoir, transgresse en tous points les normes d'une société entièrement au pouvoir des citoyens mâles de double ascendance athénienne ; même incompréhension de cette atopie par le reste de la cité, que confirme le commun soupçon de corruption des jeunes femmes pour l'une, des

---

1. Plutarque, *Vie de Périclès* XXXII, 1.

2. *Acharniens* 523-529. Sur l'*Aspasie* d'Eschine de Sphattos, voir C.H. Kahn, *Plato and the Socratic Dialogue. The Philosophical Use of a Literary Form*, Cambridge, Cambridge University Press, 1996, p. 23-29, en particulier p. 28 pour les rapports entre le *Ménexène* et cette *Aspasie*.

3. N. Loraux, « Socrate contrepoison de l'oraison funèbre. Enjeu et signification du *Ménexène* », art. cit., p. 202.

jeunes garçons pour l'autre, et leur semblable procès pour impiété[1] ; même savoir, enfin, que la politique est avant tout une affaire conjointe de *logos* et d'*érôs*, d'ensorcellement des âmes par où l'éducation fait son œuvre, et qui nécessite de bons entremetteurs ou de bonnes entremetteuses[2].

Mais tout les sépare aussi, et profondément. D'abord sur l'objet de cet *érôs* et sur la nature du *logos* requis pour le dire et le transmettre : entre, d'un côté, la rhétorique codifiée de l'oraison funèbre qui empêche chacun de se connaître lui-même et, de l'autre, le dialogue chaque fois renouvelé du philosophe avec son interlocuteur singulier, l'écart est immense. Tout sépare Socrate d'Aspasie, ensuite, quant aux effets de leurs paroles respectives : d'un côté, une parole de pouvoir œuvrant depuis le sommet de la cité et plus préoccupée de la docilité des citoyens que de leur véritable bonheur ; de l'autre, une parole sans pouvoir politique direct, mais pas sans puissance sur ceux qui en éprouvent l'étrange magie. Ces derniers, c'est selon, s'y livrent ou au contraire se bouchent les oreilles, conscients qu'elle va leur révéler qu'ils parlent et agissent toujours sous la coupe d'opinions reçues qu'ils n'ont jamais pris ni le temps ni le risque d'examiner[3]. En se présentant comme un mauvais élève d'Aspasie selon les critères de ce que, pour elle et les sophistes, savoir veut dire (236b), Socrate laisse entendre à demi-mots qu'il est l'auteur de ce discours funèbre qui épouse les formes de l'oraison tout en subvertissant les règles du genre. Au couple Aspasie-Périclès, dont le *Ménexène* montre que la première est

1. Outre le chef d'accusation d'impiété, Hermippe accusa Aspasie de « recevoir des femmes de condition libre pour les livrer à Périclès », Plutarque, *Vie de Périclès* XXXI, 1 ; Platon, *Apologie de Socrate*, 24b.

2. Xénophon, *Mémorables* II, 36.

3. Platon, *Banquet*, 216a-b.

l'auteure des discours prononcés par le second, Platon oppose un(e) Socrate-Aspasie où celle qui est censée inventer n'invente en fait rien du tout et prononce une oraison qui, pour ceux qui savent l'écouter ou la lire, dénonce ses imperfections parce qu'elle fait résonner en elle une autre parole.

Revenons aux réponses paradoxales de Socrate : il se dit à la fois capable de composer une oraison, et en même temps incapable de rien tirer de lui-même. La première réponse renvoie à l'idée que l'oraison s'apprend et se transmet, et que de bons maîtres suffisent à acquérir cette compétence. Ces maîtres, ce sont Aspasie pour l'éloquence, et Connos pour la musique (235e-236a). Socrate mesure la qualité de l'enseignement d'Aspasie au fait qu'elle a formé « nombre de bons orateurs » (235e), dont l'un, Périclès, surpasse tous les autres. Cette appréciation est bien sûr ambivalente : certes, Périclès fait souvent les frais des critiques de Socrate pour l'orientation de sa politique (*Gorgias*, 516d-517b), mais il possède néanmoins un véritable talent rhétorique, que Socrate rappelle dans le *Phèdre* (269e) en un sens qui n'est sans doute pas qu'ironique [1]. L'enseignement d'Aspasie serait donc lui-même purement formel, et laisserait en suspens la question du bon usage de la rhétorique et de la vérité de ce dont elle parle. Ce caractère mitigé est lisible aussi dans la référence à Connos, personnage évoqué très rapidement dans l'*Euthydème* (272c, 295d). Son absence de notoriété serait peut-être le signe que l'oraison qui va suivre manque de cette juste musique nécessaire à la rectitude de la parole

---

1. L. Brisson, « L'unité du *Phèdre* de Platon. Rhétorique et philosophie dans le *Phèdre* », *in* L. Rossetti (éd.), *Understanding the* Phaedrus. *Proceedings of the II Symposium Platonicum*, Sankt Augustin, Academia Verlag, 1992, p. 75.

politique dans ses effets sur l'âme des auditeurs, musique
dont Socrate évoque les harmonies et les modes corrects
dans la *République* (III, 398c-400e). En allant jusqu'à
inverser la hiérarchie de notoriété et sans doute de compétence entre, d'un côté, Aspasie et Connos, et, de l'autre,
Antiphon et Lampros (236a) – ces deux derniers personnages
étant très réputés comme maîtres, respectivement, de
rhétorique et de musique [1] – Socrate signale indirectement
à Ménexène, qui semble ne pas relever cette bizarrerie,
que la valeur de l'enseignement d'Aspasie est à prendre
avec beaucoup de distance.

C'est ce que confirme la seconde réponse de Socrate
à Ménexène qui lui redemande ce qu'il aurait à dire s'il
lui fallait prononcer une oraison funèbre (236a). Socrate
place sa réponse sous le signe de la tension entre l'oubli
et la mémoire, ou plutôt entre deux sortes d'oublis et deux
sortes de mémoires, selon qu'on a affaire au discours
funèbre ou à la parole philosophique indirectement évoquée
ici. En effet, en déclarant qu'il ne pourrait rien tirer « de
son propre fonds » (*autos men par'emautou*, 236a), Socrate
pointe à la fois la dimension impersonnelle et répétitive
de l'oraison, et, à l'opposé, le « connais-toi toi-même »
animant la parole socratique. Cette injonction fameuse
désigne la connaissance de soi non comme individu singulier
mais comme âme pensante requérant un certain soin de
soi-même (*Alcibiade*, 124a), et elle permet la réminiscence
comme mémoire vive tournée vers le vrai. La mémoire
sur laquelle repose l'oraison est, elle, une mémoire morte.
La réitération dans l'oraison de la formule « il faut en
rappeler le souvenir » ou de formules équivalentes à propos

---

1. Lampros enseigna la musique à Sophocle. Thucydide vante le
talent rhétorique d'Antiphon (*Hist.* VIII, 68).

des illustres ancêtres sonne comme un impératif de mémoire (239c, 241e, 243c, 244a), et produit cet oubli de soi dont Socrate a plaisamment évoqué les effets plus haut – « c'est à peine si, le quatrième ou le cinquième jour, je me ressouviens de moi-même » (235c) – mais auquel son naturel résiste tout de même puisqu'il déclare avoir eu tendance à oublier ce que lui enseignait Aspasie (*epelanthanomèn*, 236c). La parole socratique est oublieuse de la parole codifiée qu'est l'oraison funèbre non au sens où elle en perdrait totalement le souvenir mais au sens où elle lui résiste en s'en jouant et en s'en abstrayant, au profit de cette autre mémoire qu'est la réminiscence.

La description par Socrate des procédés employés par Aspasie pour composer son oraison – la présentation immédiate (*ek tou parakhrèma*, 236b) des thèmes à développer la veille pour le lendemain, et le collage (*sunkollôsa*, 236b) de chutes (*perileimmata*, 236b) de l'oraison prononcée par Périclès – va dans le même sens et signale trois choses au moins. Elle dénonce d'abord le caractère répétitif des *topoi* mobilisés dans ce genre rhétorique. Elle montre ensuite que la temporalité de la fabrication de l'oraison exclut par nature toute analyse réfléchie et patiente. Elle confirme enfin que le plan partagé par toutes les oraisons funèbres est purement conventionnel : il ne nait d'aucune nécessité interne mais d'un assemblage dissimulant sa vraie nature sous des artifices de langage. C'est le contraire de l'être vivant auquel Socrate compare le bon discours dans le *Phèdre*, bon discours qui doit posséder un corps « à qui il ne manque ni tête ni pieds, mais qui a des extrémités et un milieu écrits de façon à convenir (*preponta*) entre eux et à l'ensemble » (*Phèdre*, 264c). Ce procédé de collage, déjà dénoncé dans le *Phèdre* (*kollôn*, 278e) où Socrate en fait le tour propre notamment du « rédacteur de discours » (*logôn suggraphea*, *Phèdre*, 278e) par opposition au discours du philosophe fondé sur la connaissance du vrai (*Phèdre*, 278d-e), indique que les « règles » de composition de l'*epitaphios logos* ont donc pour unique but non de produire ce rapport de convenance entre son tout et ses parties, mais de faciliter sa production, qui est toujours une *re*production : réemploi de poncifs comme ceux de l'autochtonie (237b-238b) ou de l'égalité démocratique (238b-239a) ; juxtaposition grossière d'événements mécaniquement introduits par les formules *meta de touto* (238a ; 241d ; 242a ; 244b) et *meta de tauta* (242c ; 243d) ; effets rhétoriques éculés fondés sur la répétition d'un même mot ou sur des allitérations lourdement appuyées (par exemple : *polemon / polemein / epolemei*, 245b ; *dia pantos pasan pantôs prothumian peirasthe*, 247a) ; introduction de maximes traditionnelles – par exemple « rien de trop » – énoncées comme des formules rituelles (247e). L'oraison ne s'invente pas, elle se répète.

Toutefois, l'évocation de ces « chutes » de discours dont Aspasie aurait composé son oraison laisse supposer une relative différence entre celle prononcée par Périclès et la sienne. La sienne consistant en un assemblage de morceaux par définition non utilisés dans celle de Périclès, elle doit pouvoir être lue comme un texte qui lui répond. Ce peut être pour en faire la critique, certains suggérant ainsi que l'oraison d'Aspasie est la version corrigée et améliorée de ce qu'aurait dû être l'oraison rapportée et reconstruite par Thucydide [1]. Ce peut être aussi pour proposer des éléments complémentaires, donnant une vision plus globale de ce qu'est la politique de la cité

---

1. N. Pappas, M. Zelcer, *Politics and Philosophy in Plato's* Menexenus. *Education and Rhetoric, Myth and History*, London, Routledge, 2014, p. 82-85.

démocratique. Ainsi, au modèle érotique de la relation entre le citoyen et la cité dans l'oraison de Périclès, qui met en avant la valeur politique de la liberté, Aspasie substituerait une relation de soin pensée sur le modèle filial et familial et mettrait davantage l'accent sur la justice, Socrate prenant toutefois ses distances avec ces deux visions idéologiques de la politique démocratique[1]. S'il est certain que Périclès et Thucydide sont à l'horizon de l'oraison rapportée par Aspasie, cette référence n'a de sens pour le Socrate de Platon que parce que le discours que va tenir Aspasie est indexé à ce que serait un juste discours civique selon Socrate ou Platon, à savoir celui façonné par le philosophe et vers lequel pointent, en creux, non seulement l'oraison mais aussi les parties dialoguées, assez peu prises en compte dans ces lectures. Sans cela, il serait difficile de justifier à la fois l'intention manifestement parodique et critique du dialogue, et les raisons de le prendre en même temps au sérieux du début à la fin.

Ménexène est impatient d'entendre cette oraison dont Socrate a été la veille l'auditeur privilégié, et il ne se soucie désormais plus de l'identité de l'orateur (236c) : il exige simplement d'entendre le discours (*monon eipe*, 236c ; *eipe panti tropôi*, 236c). En vertu de l'ambivalence qui caractérise tout ce dialogue et la position médiane de Ménexène, on peut lire dans cette impatience ou bien un début de guérison – Ménexène comprenant que le discours rapporté par Socrate sera un discours sans auteur, ou un discours sur lequel Socrate sera intervenu – ou bien au contraire une fascination encore sans borne pour la parole civique démocratique, comparable à celle que Phèdre

---

1. C.P. Long, « Dancing Naked with Socrates : Pericles, Aspasia, and Socrates at Play with Politics, Rhetoric, and Philosophy », *Ancient Philosophy* 23, 2003, p. 49-69.

éprouve pour les discours de Lysias. Socrate multiplie les remarques qui retardent le moment de s'exécuter, et que caractérise un même ton de plaisanterie, qu'il s'agisse d'imaginer Aspasie fâchée contre lui parce qu'il divulgue son discours, ou un Socrate âgé qui pourtant peut « sembler jouer encore à ces jeux-là » (*doxô [...] eti paizein*, 236c), ou enfin un Socrate prêt à danser nu devant Ménexène pour lui faire plaisir (236c-d). Mais ces trois remarques sont aussi l'annonce de ce que Socrate va révéler la vérité de l'oraison et en saper les effets : sans quoi Aspasie n'aurait pas de raison de se fâcher contre lui, sans quoi il ne demanderait pas à Ménexène qu'il le prenne au sérieux sous ses airs de plaisanter, sans quoi enfin il n'évoquerait pas même l'idée que mettre à nu l'oraison, c'est en même temps mettre à nu la parole de Socrate à laquelle elle est intimement liée par ce rapport de transformation dégradée. Comme dans d'autres Dialogues (par exemple *Ménon*, 75b, 76c), Socrate accepte de se plier à l'exigence de son interlocuteur quand bien même elle n'est pas motivée par le souci du vrai. Tirant profit de son amour des discours civiques en lui « faisant plaisir » (*kharizesthai*, 236c ; *kharisaimèn an*, 236d), Socrate espère sans doute démystifier l'oraison aux yeux de Ménexène et réorienter son désir vers le *logos* philosophique. C'est peut-être ce qui explique l'étrange impératif évoqué par Socrate – « il me faut (*dei*) te faire plaisir » (236c) : comme si, la recherche du vrai étant aussi une recherche du vrai bien, Socrate avait la responsabilité de tout faire pour améliorer ceux qui, comme Ménexène, se destinent à la carrière politique et au « soin » de la cité. Il est difficile de savoir si Ménexène perçoit tous ces enjeux. Sans doute faut-il attendre pour cela d'avoir écouté l'oraison d'Aspasie rapportée par Socrate, ou l'oraison de Socrate prêtée à Aspasie.

L'ORAISON FUNÈBRE (236D-249C)

EXORDE (236D-237B)

L'exorde qui ouvre l'oraison comprend deux moments : le premier en expose le motif (236d-e), le second annonce, par un jeu de questions rhétoriques, sa structure et présente sa nature d'éloge (236e-237b). Dans les deux cas, l'orateur en réfère à des normes ni des valeurs dont les fondements ne seront jamais justifiés ni expliqués dans l'oraison. Il dépend de l'auditeur ou bien de les accepter sans rien dire, comme l'effet « ensorcelant » (235a) de l'oraison le suppose d'ordinaire, ou bien de s'interroger à leur sujet en sondant leur valeur et leur vérité. Le contexte privé dans lequel ce discours d'éloge est récité, hors du décorum officiel qui contribue normalement à son efficacité persuasive, offre à Ménexène l'occasion d'une telle mise à distance, pourvu qu'il sache déchiffrer la démystification à laquelle Socrate se livre dans ce discours funèbre bien particulier.

Dans cet exorde, l'éloge lui-même et son contenu n'ont d'autre justification que la prescription d'un *nomos*, loi ou coutume (*ho te nomos prostattei*, 236d-e), dont les valeurs éthiques et politiques fondatrices ne sont pas mentionnées ici. Elles sont même biffées conceptuellement et stylistiquement par l'ajout en fin de phrase d'un abrupt « il le faut » (*khrè*, 236e), qui renvoie à une nécessité plus fondamentale, plus brutale : celle qui exige des citoyens la plus complète docilité. Certes, Socrate et Platon eux aussi accordent au *nomos* un rôle politique et éthique décisif, notamment dans le *Criton*, le *Politique* et les *Lois*. Mais ce n'est jamais sans argument et sans avoir au préalable indexé son contenu et sa fonction sur une réflexion dialectique consacrée au bien – celui des individus et celui de la cité – et aux vertus. Parce qu'il est appelé par un *nomos* sans raison, on ne saurait donc attendre ni vérité ni justice de l'éloge prononcé par Aspasie. Comment déterminer les égards dus (*ta prosèkonta*, 236d) à ces morts ? Pourquoi faudrait-il même leur rendre hommage ? Que peuvent valoir une cérémonie et un discours qui considèrent les morts indistinctement (*sphisin autois*, 236d), sans tenir compte des mérites individuels, Platon soulignant ailleurs, on l'a dit, que la distribution proportionnelle ou géométrique est « la plus belle et la meilleure » (*Lois* VI, 756e-757c ; *Gorgias*, 507e-508a) ? Tout cela n'a d'autre motif que la finalité persuasive d'un discours obéissant à une certaine idée de la vie civique, assimilée sans examen au courage guerrier et à la mort qui le couronne.

La détermination du « bien » du « bien agir » (*ergôn eu prakhthentôn*, 236e), et du « beau » du « beau parler » (*logôi kalôs rhèthenti*, 236e) qui doit lui correspondre, est donc laissée à la discrétion de l'oratrice et des valeurs admises de la cité dont elle est la porte-parole, son discours étant désormais seul maître de la représentation des faits. L'armature stylistique de cet exorde, qui enchâsse les oppositions rhétoriques classiques tout en les distordant, signale cette dimension poétique ou démiurgique excessive du discours d'Aspasie, et sans doute de tout discours funèbre. Est ainsi mise à mal la distinction inaugurale, classique, entre les actes (*ergôi men*, 236d), qui renvoient à la cérémonie elle-même ainsi qu'aux exploits des morts, et les paroles (*logôi de*, 236d) chargées de les célébrer[1]. Après les avoir mis en parallèle et annoncé que les secondes vont succéder aux premiers, Aspasie souligne que ce sont les belles paroles (*logôi kalôs rhèthenti*) qui susciteront la mémoire et l'hommage des auditeurs envers les auteurs de ces belles actions (*ergôn eu prakhthentôn*). Elle laisse donc planer un fort doute sur l'autonomie respective de ces deux ordres : les actes de ces morts – et les rites funèbres – sont-ils beaux par eux-mêmes ou par le pouvoir magnifiant de la parole ? Symétriquement, une parole est-elle belle parce que ce dont elle parle est bon, ou parce qu'elle a le pouvoir de le faire paraître tel ? Comment les auditeurs feront-ils la part entre, d'un côté, ce qui relève du talent rhétorique, et, de l'autre, ce qui tient à la vérité des faits ? Associée à la conception socratique de l'éloge ordinaire, cette forte ambiguïté confirme que, dans l'oraison, c'est le discours qui confère leur valeur aux actes. Autre balancement rhétorique classique, celui entre le cortège « commun (*koinèi*) de la cité », et le cortège « privé (*idiai*) de[s] proches [des défunts] » (236d) : son équilibre est ébranlé par le principe même de l'oraison et de la cérémonie, qui soustrait les morts à toute approche individualisée ou privée pour mieux les englober dans l'ensemble indistinct de la cité. Que reste-t-il ici vraiment de privé ou de particulier ? Le *kosmos* – hommage – dont le discours a la charge à l'égard des morts est donc pour le moins ironique et même cynique si on le rapporte au *kosmos* – ordre – que le « bon orateur » du *Gorgias*, celui qui dispose d'un art et sait donc que la justice est le bien de l'âme comme la

---

1. Voir Thucydide, *Hist.* II, 35-46 ; J.E. Ziolkowski, *Thucydides and the Tradition of Funeral Speeches at Athens*, Salem (NH), The Ayer Company, 1981, p. 58-73.

santé celui du corps, a pour tâche d'introduire dans les âmes des vivants (*Gorgias*, 504d-e). C'est de leur vivant qu'un « ordre » en paroles tourné vers la justice eût été bénéfique aux défunts. L'hommage qui leur est rendu par une rhétorique ignorante et adressé aux seules oreilles des vivants n'est qu'une flatterie produisant du désordre dans leur âme, de l'injustice silencieuse sous une apparence de justice (*Gorgias*, 464b-465e). Là encore, c'est la force de persuasion et de falsification du discours qui soumet le réel et les hommes à sa loi et à celle d'une certaine Athènes.

L'éloge sera donc « suffisant » (*hikanôs epainesetai*, 236e), il aura trouvé sa bonne mesure, non parce qu'il aura parlé des morts selon la vérité mais dès l'instant qu'il aura réalisé son double but : garantir l'imitation des morts par les vivants, et consoler (*paramuthoumenous*, 237a) tous leurs proches – dans toutes les directions de la parenté et au plus lointain degré (236e) – soit, dans les deux cas, parce qu'il maintiendra inchangée la cité, son principe et son (dés)ordre. Pour célébrer la vertu de ces hommes dont l'oraison affirme qu'ils sont « bons » – vertu et bonté qui ne sont pas définies malgré leur répétition, ou peut-être à cause d'elle (deux occurrences d'*aretè*, 236e-237a ; trois d'*agathoi*, 237a-b) – l'oratrice préconise de modeler le discours sur « l'ordre de la nature » (*kata phusin*, 237a). Que faut-il entendre par là ? Rien, sans doute, qui renvoie à des principes intelligibles rendant raison d'un ordre de l'univers sur lequel fonder une hiérarchie de valeurs servant de modèle à la conduite humaine, comme c'est le cas dans le *Gorgias* (507e-508a). L'ordre de la nature invoqué ici par l'oratrice est bien plutôt celui d'une auto-fondation et d'une auto-justification politiques, qui conjurent leur absence de fondement intelligible par un « toujours déjà » à la fois contingent et nécessaire, et par là incontestable :

ces hommes sont bons parce que leurs ancêtres l'étaient. Le discours chargé de les célébrer doit donc se conformer à cette référence immémoriale qui écrase toutes les dimensions du temps au profit d'une sorte d'éternité mensongère, censée faire échapper le présent à toute remise en cause. Suivant un plan classique commun à Thucydide (*Hist.* II, 36), Démosthène (3) et Hypéride (6-9), l'oraison se penchera successivement sur la bonne naissance des morts et des ancêtres – c'est tout un –, sur leur éducation et sur leurs exploits.

L'ÉLOGE DES MORTS (I).
DES MORTS BIEN NÉS : ORIGINE, ÉDUCATION,
ET POLITIQUE DE LEURS ANCÊTRES (237B-239A)

L'autochtonie des ancêtres (237b-c)

La bonne naissance des morts est célébrée par un double retour en arrière destiné à souligner la continuité et l'intégrité du lien unissant les morts à leur terre, au nom d'une fiction idéologique où la nature est considérée comme le fondement ultime et indiscutable d'une pureté fantasmée. La première phase de ce retour en arrière consiste à célébrer les ancêtres des morts, dont l'autochtonie est présentée comme un gage d'excellence. La seconde consiste à louer la terre elle-même pour ses qualités incomparables, qu'elle a nécessairement transmises à ses enfants.

Sémantiquement et historiquement, l'autochtonie n'est pas synonyme d'une naissance à partir de la terre, pour laquelle le grec emploie plutôt l'adjectif *gègenès* (*Politique*, 269b; 271a-b). L'autochtonie désigne plutôt le caractère indigène d'une population, qui n'est pas nécessairement née de la terre. Toutefois ces deux notions ont fini par se confondre [1], ou a être étroitement associées comme c'est le cas ici : ces ancêtres des morts étaient des autochtones « habitant et vivant véritablement dans une patrie » (237b) et c'est la terre qui les mit au monde (237c). Selon les cas, ces thèmes sont employés séparément ou, comme dans la plupart des oraisons [2], ensemble, et ils sont mobilisés pour rendre compte de l'origine de toute l'humanité (*Politique*, 269b ; 271a-b) ou uniquement, comme ici, de celle des Athéniens et des habitants de l'Attique.

L'usage que Platon fait de ce *topos* s'inscrit d'ordinaire dans une parole mythique revendiquée comme telle (*Politique*, 271a-b ; *Timée*, 23d-e ; *Critias*, 109c-d) ou dans un discours dont le caractère métaphorique est explicite et remplit une fonction spécifique, en l'occurrence politique dans le cas du « noble mensonge » (*République* III, 414c-e). Rien de tel ici, aucune distance n'étant explicitement signalée entre le dire et le dit, comme si le mythe voulait faire oublier la distorsion que lui impose sa double fonction idéologique : célébrer la supériorité des Athéniens, et l'attribuer à la préservation de leur identité – identité conçue sur le modèle de la perpétuation du même à partir de la terre, ce qui exclut que ces ancêtres puissent être des métèques. À quoi l'on peut opposer deux idées récurrentes du Socrate de Platon. D'une part, selon lui, la nature produit

1. V. Rosivach, « Authochtony and the Athenians », *The Classical Quarterly*, New Series, vol. 37, 2, 1987, p. 294-306.

2. Démosthène 4-5 ; Hypéride 7 ; Lysias 17. En revanche l'oraison de Périclès chez Thucydide n'évoque que l'occupation continue de l'Attique par une même race (*Hist.* II, 36). Sur le thème de l'autochtonie athénienne, voir N. Loraux, *Né de la Terre. Mythe et politique à Athènes*, Paris, Seuil, 1998 ; à propos du *Ménexène* : V. Sebillotte Cuchet, « La terre-mère : une lecture par le genre et la rhétorique patriotique », *Kernos* 18, 2005, p. 203-218.

chez les hommes plutôt de la différence que de l'identité :
« chacun d'entre nous ne naît pas tout à fait semblable à
chaque autre, mais [...] en raison des différences de sa
nature, chacun est fait pour l'exécution d'un travail
différent », dit-il dans la *République* (II, 370a-b). Et un
peu plus loin : « la nature humaine semble morcelée
(*katakekermatisthai*) en petits fragments » (III, 395b).
C'est toute cette variété de naturels, de tendances et de
dispositions que la politique et l'éducation ont la charge
d'orienter et de modeler pour assurer leur entrelacement
harmonieux dans une communauté civique vraiment une.
D'autre part, les métèques ont leur place – même marginale [1]
– dans la cité juste des Magnètes (*Lois* VIII, 850a-c). Dans
le *Ménexène*, le lien indéfectible entre la terre et ses habitants
est pensé sur le modèle du rapport entre une mère et ses
enfants, avec cette insistance sur la filiation biologique et
l'affection sans égal qui la caractérise, la mère étant
soigneusement distinguée de la marâtre (*mètruias*, 237b)
qui a nourri les autres peuples, avec toute la connotation
négative attachée au manque de soin et d'affection prêté
d'ordinaire à la mère adoptive, idée qui réapparaît dans
un passage des *Lois* (XI, 930b). On retrouvera plus bas
cette différence entre la mère authentique (*alèthôs*, 237e)
et celle qui en usurpe le nom. À travers la violence
idéologique de cette contre-vérité historique sur l'origine
des ancêtres, Aspasie exalte l'émotion des auditeurs. Elle
les place dans les meilleures dispositions pour écouter
l'éloge de la terre qui va suivre, en soulignant que cet éloge
est « on ne peut plus juste » (*dikaiotaton*, 237c) alors même
qu'il éteint en eux les moyens d'en juger.

1. H. Joly, *La Question des étrangers*, Paris, Vrin, 1992, p. 38-62.

Éloge de l'Attique (1),
    terre aimée des dieux (237c-d)

Aspasie distingue deux motifs principaux d'éloge. Le premier tient au fait que cette terre est aimée des dieux (*theophilès*, 237c). Tant par la façon dont elle est convoquée que par son contenu, cette justification se ruine elle-même pour peu qu'on la décrypte avec l'oreille du philosophe. En appelant un témoignage extérieur à l'appui de son propos (*marturei de hèmôn tôi logôi*, 237c), Aspasie reproduit en effet un geste typique des orateurs, qui prétendent prouver ou réfuter de cette façon plutôt qu'en examinant la vérité de ce qu'ils disent, comme Hippias (*Hippias Majeur*, 288a et 296a), ou comme Socrate en fait le reproche à Polos dans le *Gorgias* (471e-472c ; 473c-d). Le contenu même de ce témoignage lui ôte également l'appui qu'Aspasie prétend y trouver. D'une part parce que la référence à la querelle (*eris*, 237d) d'Athéna et de Poséidon pour la possession de l'Attique, tranchée par Cécrops en faveur d'Athéna, contrevient à toutes les règles concernant la représentation des dieux qu'on trouve par ailleurs chez Platon : les dieux sont bons (*République* II, 379b ; 381c) et ne sauraient donc se quereller, le *Critias* ajoutant que le partage de la terre en régions administrées par les dieux se fit sans dispute (*ou kat'erin*, *Critias*, 109b) en vertu d'une répartition établie par Dikè, déesse de la justice (*Critias*, 109b). D'autre part parce que l'idée qu'une querelle, qui plus est tranchée par un tiers, soit un témoin légitime de vérité, est sans doute la plus parfaite antithèse de la démarche socratique, qui ne progresse que par l'accord réfléchi des interlocuteurs. Aspasie n'en prétend pas moins avoir justifié que l'éloge de la terre-mère est mérité et que tous les hommes sans exception devraient s'y joindre, entourant ainsi Athènes d'une aura d'innocence qui fera d'autant mieux ressortir dans la suite, selon l'orateur, les injustices dont elle a été victime. Il y a là comme un parfum d'*hubris* tout à fait consonant avec la pratique de l'éloge dont Socrate a fait la critique dans le *Banquet*.

Éloge de l'Attique (2), terre nourricière qui appelle les dieux pour instruire les hommes (237d-238b)

Le second motif de louange concernant la terre s'expose en deux temps : le motif lui-même, à savoir que l'Attique a le privilège d'avoir donné naissance à la plus haute des créatures; puis l'indice (*tekmèrion*, 237e) qui vient l'appuyer. L'ensemble forme un rapide tableau de l'état de nature athénien, à la gloire de l'Attique et de ses habitants. Leur union étroite s'est faite, selon Aspasie, en vertu d'une excellence partagée, dont la contrepartie est la relégation des autres terres et des autres peuples du côté de la sauvagerie.

Cette vision des choses repose toutefois sur une mauvaise articulation du même et de l'autre. En séparant « notre terre » (*hè hèmetera*, 237d) de « toute la terre » (*hè pasa gè*, 237d), puis « l'homme » (*anthrôpôn*, 237d) de tous les animaux (*tôn zôôn*, 237d), Aspasie pratique en effet deux fois le type même de la mauvaise division évoquée par l'Étranger dans le *Politique*. Elle consiste à isoler indûment une petite partie d'une totalité, dans l'idée que cette totalité amputée, avec toute la diversité qu'elle recouvre, constitue néanmoins un genre un parce qu'elle porte un nom unique (*Politique*, 262c-263e). Par exemple, « la plupart des gens d'ici [les Athéniens] posent la race grecque comme une unité à part de toutes les autres, et quant à l'ensemble des autres races, qui sont en nombre indéterminé, elles ne se mélangent pas entre elles, et ne parlant pas la même langue, il lui donnent l'appellation

unique de "Barbare" s'imaginant en raison de cette
appellation unique, avoir affaire à un genre unique »
(*Politique*, 262d). Cette erreur de logique, qui sera précisément celle commise par Aspasie plus bas (239b) et que
l'oiseau qu'est la grue pourrait commettre en prétendant
se distinguer des autres animaux, n'a d'autre fondement
que ce sentiment de supériorité (*semnunon*, *Politique*,
263d) que chaque espèce, en l'occurrence chaque peuple,
éprouve vis-vis des autres. Discours des mauvaises
différences, l'oraison funèbre, dont Socrate dit qu'elle
produit ce même sentiment chez les étrangers qui
l'accompagnent (*semnoteros*, *semnotès*, 235b), est donc
aux antipodes de la démarche dialectique. La violence de
ce discours identitaire fondé sur la dépréciation de ce qui
n'est pas soi, et qui n'est pas sans rappeler le constat de
C. Lévi-Strauss selon lequel, pour chaque groupe humain,
« l'humanité s'arrête aux frontières de la tribu », consiste
à glorifier l'homme attique en épurant son portrait.

　　　C'est ce que confirme la suite. Contrairement au mythe
du *Protagoras*, ce « géo-ethno-centrisme » athénien dont
Aspasie se fait l'écho élimine toute référence à une
quelconque hostilité venue de la nature dont ces hommes
auraient à se protéger (*Protagoras*, 322b), tout comme elle
les blanchit d'être responsables du mal, contrairement au
portrait ambivalent que les *Lois* font de l'être humain –
selon son naturel et son éducation, il peut être le plus divin
ou le plus sauvage des animaux (*Lois* VI, 766a). Aspasie
déplace ainsi l'origine de la violence sur les terres étrangères,
dont les habitants ne sauraient être vraiment des hommes
mais plutôt des bêtes sauvages ou du moins des animaux.
Seule « notre » terre (*hè hèmetera*, 237d) a eu en effet le
rare privilège de choisir (*exelexato*, 237d) sa progéniture,
l'homme, pour la supériorité que sa sagacité et sa faculté

exclusive de reconnaître (*nomizei*, 237e) des dieux et la justice lui confèrent sur les autres animaux. Outre que cette dernière affirmation est démentie ailleurs chez Platon par l'exemple des Égyptiens, qui eux aussi ont des divinités (*Timée*, 21e), cette « reconnaissance » des dieux par les Athéniens porte une discrète charge ironique parce qu'elle ne signifie pas, précisément, que les Athéniens *sont* pieux et justes. « *Nomizei* » peut désigner plus particulièrement une reconnaissance fondée sur les us et coutumes, donc contingente, plutôt qu'un acte de raison, ce qui fragilise la relation exclusive entre les hommes et les dieux qu'Aspasie construit dans ce passage. Cette terre est aimée des dieux, on l'a vu, mais les hommes, en se contentant de les reconnaître, leur rendent-ils vraiment leur amour ? Ce portrait est épuré, certes, mais du point de vue de Socrate, c'est un portrait en demi-teinte.

Pour justifier ses dires, Aspasie se fonde sur un « indice » (*tekmèrion*, 237e), dont les formulations répétitives n'ont d'autre but que d'assurer le monopole de l'humanité aux enfants de l'Attique et d'en tirer gloire. Sans doute hérité de la méthode des historiens, ce procédé est aussi et surtout un nouvel emprunt à la rhétorique, dans la lignée du passage antérieur où Aspasie produisait déjà un témoignage à l'appui de ses dires (237c). Là encore, un élément extérieur au *logos* a la charge de sa vérité. Cet indice, c'est la fonction nourricière de la terre, associée ici à la figure maternelle, ce qui n'est pas toujours le cas dans les textes recourant à ce schème[1]. Plutôt qu'une improbable référence à une

---

1. Par exemple Porphyre, *De Abstinencia* II, 32, Ps. Aristote, *Économique*, 1343a30-b1, et Lysias, *Panégyrique* 24-25 et *Epitaphios* LX, 5, emploient cette métaphore. En revanche, Xénophon se contente de dire que la source de la nourriture humaine se trouve dans la terre (*Économique*, V, 2).

énigmatique religion de la Terre-Mère, sur laquelle les
informations archéologiques sont minces, et plutôt qu'une
représentation idéologique du féminin qui serait réduit ici
à sa fonction reproductrice [1], la survalorisation de la figure
maternelle dans ce passage peut être comprise comme une
marque de distance par rapport au tout paternel de l'oraison
de Périclès chez Thucydide [2]. En recourant à cet indice
déjà évoqué plus haut à propos de la différence, reprise
ici, entre la mère et la marâtre (237b-c), Aspasie insiste
sur deux points. D'une part, la mère authentique (*alèthôs*,
237e) se signale par le fait qu'elle dispose de la nourriture
appropriée à son enfant (*trophèn epitèdeian*, 237e), alors
que la mère qui en usurpe le titre (*hupoballomenè*, 237e)
n'a pas de source de nourriture (*pègas trophès*, 237e).
L'incohérence logique qui oppose un critère qualitatif,
« approprié », au fait de pas avoir de « source de nourriture »,
permet à Aspasie d'écarter d'emblée l'objection de la
diversité culturelle des régimes alimentaires, en s'appuyant
sur un jugement de valeur pseudo-démonstratif selon lequel
cette terre est « la première et la seule à porter une nourriture
humaine, le fruit du blé et de l'orge, qui procure la plus
belle et la meilleure des nourritures au genre humain »
(237e-238a). D'autre part, Aspasie inverse la relation
mimétique attendue entre la femme et la terre, en faisant
de la seconde le modèle de la première. Est ainsi réaffirmé
le caractère fondateur et originel de la terre attique, qui
prétend tirer de son antériorité ontologique et chronologique

1. S. Georgoudi, « Gaia/Ge. Entre mythe, culte et idéologie », *in*
S. Des Bouvrie (ed.), *Myth and Symbol I. Symbolic Phenomena in Ancient
Greek Culture*. Papers from the First International Symposium On
Symbolism at the University of Tromsø, june 4-7, 1998, Bergen 2002,
p. 113-134.

2. V. Sebillote Cuchet, « La terre-mère : une lecture par le genre et
la rhétorique patriotique », art. cit., p. 217.

une valeur absolue tant pour elle-même que pour sa progéniture.

Le *Ménexène* entretient sur ces deux points une lointaine ressemblance avec la *République* et les *Lois*. Dans le « noble mensonge », les citoyens sont également présentés comme des frères nés d'une même mère, la terre, qui est leur nourricière (*République* III, 414d-e), et dans la cité des Magnètes, la terre est elle aussi une mère nourricière (*Lois* XII, 958e; *cf.* V, 740a). Mais dans un cas comme dans l'autre, le type de discours tenu n'est pas celui de l'éloge : le « noble mensonge » est la formulation méta-phorique de la croyance ou fiction nécessaire et démontrée en une certaine conception de l'unité politique (on y reviendra plus bas à propos de l'isonomie), et le passage des *Lois* est la traduction, dans le langage persuasif du préambule de toute loi, d'une réflexion philosophique sur le bien politique.

Ce récit des origines se termine sur deux remarques qui consacrent la prétendue valeur exceptionnelle de cette terre et de ses habitants, et qui, une nouvelle fois, parent ces derniers d'un halo d'innocence mettant d'autant mieux en relief l'injustice de leurs adversaires dans le récit des hostilités qui va suivre. La première remarque signale que cette terre n'a pas été jalouse de ses ressources et les a partagées (*enemei*, 238a) avec les autres. Cette remarque ne peut manquer de faire sourire : qu'on songe au décret de Mégare pris par Périclès en 432 av. J.-C., qui valut aux habitants de cette cité d'être exclus du marché d'Athènes et des ports soumis à la domination athénienne, et qui aurait joué un rôle important dans le déclenchement de la guerre du Péloponnèse [1]. Qu'on songe aussi au désir d'Athènes de faire croître sans limite son empire, désir de

---

1. Thucydide, *Hist.* I, 139; Aristophane, *Acharniens*, 530-539.

puissance dont Thucydide fait la cause principale de la guerre (*Hist.* I, 23). Athènes étant ainsi lavée du sentiment de jalousie (*ouk ephthonèsen*, 238a), Aspasie pourra d'autant mieux l'imputer aux autres cités dans la suite de l'oraison et leur faire porter la responsabilité des conflits (242a). Enfin, si le blé est, selon Aspasie, la nourriture propre des hommes (237e), n'est-il pas contradictoire d'affirmer qu'Athènes en a fait don aux contrées étrangères si ces dernières ne sont, elles, peuplées que de bêtes sauvages (237d)? Ou bien les étrangers sont eux aussi des hommes, ou bien les Athéniens sont eux aussi des sauvages. Dans les deux cas, c'en est fait d'une exclusivité et d'une supériorité anthropologiques dont Athènes se targue. D'un seul et même mouvement, l'oraison vante Athènes et en nie la prétendue différence.

La seconde remarque concerne la seconde phase éducative de ces hommes par leur terre. Outre qu'elle leur apporte aussi l'olivier et l'huile qu'on extrait de ses fruits – symbole de l'Attique par excellence[1] –, cette terre les nourrit puis fait appel aux dieux pour les diriger et les instruire. La rapidité avec laquelle cette phase est évoquée, sans aucun détail sur la façon dont cette direction et cette éducation se sont déroulées, s'explique par le fait qu'Aspasie veut seulement souligner, une fois de plus, l'antériorité des Athéniens dans l'accès à la civilisation (*prôtous*, 238b). Elle veut aussi ancrer dans la nature la vocation militaire de la cité, en mettant en avant parmi tous les arts reçus des dieux ceux de l'acquisition et du maniement des armes « pour la défense du territoire » (238b), arts associés

---

1. Sur l'origine attique de l'olivier : Hérodote, *Enquêtes* V, 32 ; Sophocle, *Œdipe à Colone* 695 ; Euripide, *Ion* 1433. Sur sa fonction roborative : Platon, *Protagoras* 334b.

couramment à Athéna et Héphaïstos. Le refus de nommer ces deux divinités (238b) a peut-être pour origine la coutume de ne pas citer le nom des Olympiens dans une cérémonie funèbre. Mais il peut être entendu comme une marque de désinvolture de la part d'Aspasie, plus occupée à célébrer la terre et ses habitants que leurs bienfaiteurs divins. On peut y lire aussi, du point de vue de Socrate, une pointe d'ironie mêlée de respect : à quelle divinité vraiment digne de ce nom serait-il juste d'attribuer la responsabilité d'un tel don, étant donné la façon dont Athènes s'en est servi ? Là où Aspasie, par cette référence indirecte à Athéna et Héphaïstos, insiste sur le seul art de la guerre dans le cadre d'une conception de la *paideia* (*paideusamenoi*, 238b) purement technique et manifestement étrangère à tout élément éthique, Platon dresse au contraire dans le *Critias* un portrait de ces deux dieux conforme à l'idée vraie du divin en soulignant que, doués de vertu et d'intelligence (*aretèi kai phronèsei*, *Critias*, 109c-d), ils « fabriquèrent des autochtones qui étaient des hommes de bien » (*andras agathous [...] autochthonas*, *Critias* 109d). Le *Timée* va dans le même sens en évoquant, dans le mythe de la fondation d'Athènes, la part du savoir et de l'intelligence : Athéna aime certes la guerre (*philopolemos*, *Timée*, 24c) mais elle aime aussi le savoir (*philosophos*, *Timée*, 24d), et en fondant Athènes, elle cherche le territoire le plus à même de produire les êtres les plus intelligents (*phronimotatous*, *Timée*, 24c). Le silence d'Aspasie sur la vertu et sur l'intelligence ou le savoir tient à ce qu'elle ignore ce qu'est vraiment un dieu. Si cette ignorance témoigne de l'impiété dont Aspasie aurait, dit-on, été accusée, elle s'explique aussi et surtout par la méthode qu'elle a adoptée, selon laquelle l'excellence des Athéniens trouve sa source dans celle de la terre.

Le régime politique (238b-239a)

*La politique, continuation de la nature
par d'autres moyens*

Après l'état de nature, c'est la *politeia* originaire sous laquelle ont vécu les ancêtres des morts dont Aspasie brosse le portrait, en deux moments. Le premier présente la fonction nourricière de tout régime, qui consiste à transmettre des valeurs (*agathôn...kakôn...*, 238b-c) ; le second porte sur le nom du régime originaire et son principe, à savoir l'égalité (238c-239a), Aspasie tâchant de justifier qu'il a procuré la meilleure nourriture aux ancêtres des morts. Contrairement à l'articulation très marquée entre l'état de nature pré-politique d'un côté, et l'état social et politique de l'autre dans le *Protagoras* (322a-d) ; contrairement aussi à l'idée générale des Dialogues de Platon que l'art politique, tout en prenant appui sur les tendances naturelles des hommes, les modèle et les oriente pour créer cet artifice qu'est la cité, l'oraison fait quant à elle prévaloir l'idée que la politique n'est que la continuation de la nature par d'autres moyens. Comme la nature, la *politeia* remplit vis-à-vis des hommes une fonction nourricière sur le plan moral (*trophè*, 238c). Comme la nature aussi, qui a établi une égalité par définition naturelle (*kata phusin*, 239a) entre ses enfants en faisant d'eux des frères, la *politeia* des ancêtres repose sur l'égalité par la loi (*kata nomon*, 239a). Cette continuité de la nature et de l'ordre politique est renforcée par la permanence historique de ce régime, qui était alors « le même régime qu'aujourd'hui, une aristocratie, régime sous lequel nous vivons à présent et avons vécu continuellement depuis ce temps-là, la plupart du temps » (238c). Il y a là comme une histoire sans histoire, et la contradiction entre « continuellement » (*ton aei khronon*, 238c) et « la plupart du temps » (*hôs ta polla*, 238c) signale un vain effort rhétorique pour gommer les vicissitudes de l'histoire d'Athènes, dont Platon fait le récit fictif dans le *Critias* notamment. Si cette continuité mine l'autonomie de la politique en faisant de la terre l'origine de toutes choses, c'est aussi et surtout ce que signifie une politique conforme à la nature qui est en jeu : là où Platon recherche celle qui est « *vraiment* conforme à la nature » (*alèthôs kata phusin, Politique,* 308d) en s'interrogeant sur la façon d'instituer une politique adossée à un ordre vrai intelligible, garant de sa conformité à ce qu'elle doit être[1], Aspasie pour sa part, et l'Athènes démocratique avec elle, entend par conformité à la nature (*kata phusin,* 237a, 239a) un fondement biologique inscrit dans un cadre idéologique qu'il a pour but de servir. Le léger déplacement consistant à dire d'abord que le régime est *la nourriture* des hommes (238c) puis *le lieu* où ils sont nourris (*en kalèi politeiai,* 238c) est peut-être à mettre au compte de l'idée que ce qui nourrit vraiment les hommes organisés en *politeia,* c'est encore et toujours la nature. La vérité, on le voit, n'est pas la fin visée par l'éloge, ce que confirme la présentation « brève » (*dia brakheôn,* 238c) qu'Aspasie entend faire de ce régime. Ce décalage entre deux conceptions de ce que signifie la conformité à la nature étaye, avec les éléments qui vont suivre, l'idée que tout ce passage constitue la version démocratique de nombreuses thèses ou hypothèses platoniciennes, leur lointain simulacre, leur image dégradée. C'est certes le cas de toute l'oraison, mais c'est peut-être dans ce passage qu'une telle imitation, à la fois proche et distante, est la plus poussée.

---

1. Voir M. Dixsaut, « Une politique vraiment conforme à la nature », *in* C.J. Rowe (éd.), *Reading the* Statesman, *Proceedings of the III Symposium Platonicum,* Sankt Augustin, Academia Verlag, 1995, p. 253-273 et Platon, *Le Politique,* Paris, Vrin-bilingue, 2018, p. 31-32 et 586-588.

Le régime, nourricier des hommes

Tout d'abord, l'idée que la *politeia* est la nourriture des hommes (238c) apparaît dans d'autres textes de Platon, qui se séparent en deux catégories. La première comprend ceux qui rejettent cette métaphore pour penser la compétence politique. Dans le *Politique* notamment, Platon se livre à l'examen détaillé de la métaphore commune qui conçoit le politique comme un pasteur d'hommes, nourricier de son troupeau, et la rejette au profit du paradigme du tissage qui fait de l'art politique un art d'entrecroisement. Parmi les arguments critiques avancés, on trouve à la fois l'idée que la *trophè* s'occupe des corps, là où le politique et la politique s'occupent des âmes, et l'idée que la *trophè* implique une relation directe entre le pasteur et ses animaux tandis que la politique n'agit pas elle-même mais « fait faire » : elle n'est pas un art pratique ou productif mais un art directif qui s'exerce « sur ceux qui éduquent et nourrissent (*paideutais kai tropheusin*) » (*Politique*, 308e). Les nourrisseurs sont plutôt à chercher du côté des agents économiques de la cité (*Politique*, 267e-268a, 276a-b[1]). Et si toutefois certains hommes politiques agissent en nourriciers, c'est le plus souvent, comme les démocrates célébrés par Calliclès, pour gaver la cité de ce qu'elle désire plutôt que pour aider les citoyens à s'améliorer (*Gorgias*, 514d-516d ; 517a-519b).

Pourtant, une seconde catégorie de textes utilise la métaphore du régime nourricier dans un contexte qu'on ne peut tenir pour ironique ou critique. Ainsi l'homme pouvant devenir, selon son naturel et l'éducation qu'il a reçue, l'animal le plus divin et le plus apprivoisé ou, au

---

1. Voir M. Dixsaut et al., Platon, *Le Politique*, éd. citée et É. Helmer, *La Part du bronze. Platon et l'économie*, Paris, Vrin, 2010, p. 168-175.

contraire, le plus sauvage, « ce n'est pas comme quelque chose de secondaire ni comme quelque chose d'accessoire que le législateur doit traiter l'éducation (*trophèn*) des enfants » (*Lois* VI, 766a), idée qu'on retrouve dans la *République* où la tâche la plus importante des gardiens est de s'occuper de la *paideia* et de la *trophè* des membres de leur groupe (*République* IV, 423e). Comme c'était déjà le cas à propos de l'image de la terre-mère nourricière (*République* III, 414d-e ; *Lois* XII, 958e ; *cf.* V, 740a), un tel usage de la notion de *trophè* est ici à la fois réglé sur une réflexion orientée vers le vrai, et fondé sur une définition précise de ce que doit être cette *trophè*, comme c'est le cas dans les *Lois* (I, 643b-d). En aucun cas celle-ci ne définit à elle seule le tout de l'art politique, contrairement à ce qu'on observe dans ce passage du *Ménexène* à cause de l'enracinement naturel ou biologique de la *politeia*.

Ce rapide examen des similitudes et des différences entre le *Ménexène* et d'autres Dialogues de Platon à propos de la *trophè* renvoie donc dos à dos les partisans de la lecture sérieuse et les partisans de la parodie exclusive : l'oraison funèbre de ce Dialogue n'est ni un texte auquel adhèrent Platon ou Socrate comme s'il contenait la vérité, même édulcorée, de leur pensée politique, ni un simple texte critique uniquement destiné à détruire le genre de l'*epitaphios logos* en en faisant l'autre en miroir du discours socratique. Son objet est plutôt de permettre au lecteur familier des Dialogues de Platon de mesurer l'écart séparant la parole politique démocratique de la parole politique fondée sur la philosophie, de faire saisir la transformation faisant passer de la seconde à la première, et éventuellement, ce qui n'est pas de peu d'importance étant donné que Ménexène se destine à la carrière politique, de s'interroger sur le chemin à emprunter pour opérer la transformation inverse.

Ensuite, que la qualité des hommes dépende de celle de leur régime est une idée que l'on trouve ailleurs chez Platon, mais accompagnée de sa réciproque. La ressemblance entre les régimes et les hommes peut se dire dans les deux sens, et par conséquent l'action politique aussi : les citoyens et leur *politeia* interagissent, avec à l'horizon la possibilité d'améliorer le régime existant, ou du moins de freiner sa dégradation. Ici, la relation est univoque, dans l'idée que le citoyen doit être docile à la cité et mourir pour elle.

Enfin, que faut-il entendre par des hommes « bons » ou « mauvais » selon le régime qui les nourrit ? Ces valeurs sont-elles strictement politiques, ou comprennent-elles aussi une composante morale autonome ? Rien n'est dit ici sur cette question centrale, pas plus que sur les valeurs mobilisées au début de l'oraison : le principe du régime qui va être évoqué dans la seconde partie de cette section prétendra en fournir une justification suffisante.

Le nom, la règle et le principe du régime

Outre ses silences et ses contre-vérités historiques – silence sur le tirage au sort, notamment pour désigner les rois d'Athènes (238d), contre-vérité de l'affirmation qu'Athènes n'a connu ni tyrannies ni oligarchies (238e) – ce passage tente de neutraliser l'histoire de la cité et ses vicissitudes au profit d'une fiction abstraite et atemporelle. D'un seul et même geste, Platon parvient à faire tenir à Aspasie un discours dévoilant la vérité de la démocratie périclééenne – c'est une aristocratie qui ne dit pas son nom – tout en montrant simultanément que cette aristocratie usurpe son nom en raison du principe démocratique qui l'anime. Dans ce plaisant mélange de références subverties tant à l'oraison de Périclès qu'à des thèses platoniciennes, la présentation du régime d'Athènes par Aspasie se ruine en effet elle-même en raison d'un ensemble de contradictions internes entre les trois points qu'elle aborde à son sujet : son nom, sa règle de fonctionnement, et son principe fondateur.

Non sans provocation, Aspasie appelle aristocratie – en quoi il faut entendre résonner le superlatif de l'adjectif « bon » (*agathos*), inlassablement répété dans les passages antérieurs à propos des hommes produits par cette terre et vivant sous ce régime – ce que d'autres, à l'évidence Périclès (*demokratia keklètai*, Thucydide *Hist.* II, 37), nomment démocratie (238c-d). Cette relativité du nom – les deux termes en présence étant presque aux antipodes l'un de l'autre – révèle une confusion que toutes les classifications des régimes qu'on trouve chez Platon visent précisément à lever, et qui provient des idées antagonistes dont Aspasie tente l'impossible synthèse. Comment « une aristocratie avec l'approbation du grand nombre » (238d) peut-elle être *vraiment* une aristocratie, le gouvernement de ceux qui *sont* les meilleurs, si les décisions y sont remises à l'opinion d'une foule qui juge d'après les apparences (*met'eudoxias*, 238d) ? Le terme *eudoxia* renvoie à la formule inaugurale des décrets votés par les différentes assemblées (« Il a plu (*edoxe*) au Conseil, à la Cité… »), mais il renvoie aussi et surtout à l'opinion (*doxa*), ce mode de connaissance instable et fondé sur les apparences, bien distinct du savoir vrai et permanent qui, tourné vers des réalités intelligibles (*République* V, 474c-480a), donne son assise au véritable régime aristocratique, celui des philosophes-rois. Il en va de même du choix des dirigeants : qu'ont-ils de *vraiment* aristocratique si la foule (*plèthous*, *plèthos*, 238d) ne confie le pouvoir qu'à ceux « qui *semblent* les meilleurs » (*tois doxasin aristois*, 238d) » ou qu'à celui qui « *semble* sage et bon » (*ho doxas sophos è agathos*, 238d) et si, plus généralement, le mérite n'est reconnu qu'à celui « qui *semble* posséder l'excellence et l'intelligence » (*aretès doxèi kai phronèseôs*, 239a) ? Sur l'échelle des régimes de la *République*, l'aristocratie désigne celui où règnent ceux que leur naturel et leur longue éducation rendent vraiment meilleurs, alors que la démocratie n'y occupe que l'avant-dernière place, juste avant la tyrannie : ce passage du *Ménexène* tente cependant leur impossible conciliation dans un éloquent flottement terminologique.

Notons aussi que l'exception athénienne est, une fois de plus, illusoire. Elle prétend devoir la singularité de son régime politique au fait qu'y gouvernent ceux qui « semblent être les meilleurs » ou « celui qui semble sage et bon » (238d), alors que ce sont d'autres critères qui prévalent dans les autres cités : infirmité et obscurité de naissance y interdisent l'accès au pouvoir, tandis que leurs contraires leur en ouvrent les portes. Seule Athènes appliquerait donc un critère pertinent, qui porte sur la qualité du futur gouvernant. Pourtant, à Athènes comme dans les cités dont elle prétend se démarquer, rien ne permet de juger vraiment de la valeur du candidat. C'est évidemment le cas de la richesse et de l'origine, qui n'ont pas de lien direct avec les qualités requises pour être un homme d'État compétent, mais c'est aussi celui de la simple « apparence » de bonté et de sagesse. Athènes, à l'évidence, est aussi mal dirigée que les autres cités.

Autre tension interne à ce passage et qui en mine la valeur : celle qui oppose le nom de ce régime à son principe. Ce principe, c'est l'isonomie, l'égalité par la loi ou égalité politique (*isonomia*, 239a) qu'Aspasie, dans ce souci de continuité entre la nature et l'ordre civique évoqué plus haut, fonde dans l'égalité d'origine, la commune naissance de tous à partir de la même terre-mère (*ex isou genesis*, 238e ; *isogonia*, 239a). Introduite par Clisthène dans un régime non démocratique, l'isonomie a désigné d'abord un principe politique, non une forme de gouvernement, même si ce principe a trouvé son terrain le plus favorable dans la démocratie, au point d'y être identifié[1]. L'isonomie est aux yeux de Platon cet ethos qui, propre à la démocratie et incarné dans l'homme « égalitaire » ou « isonomique » (*isonomikou andros*, *République* VIII, 561e), rend semblable le dissemblable, égalise les inégaux en statut et en fonction (*République* VIII, 558c ; 562e-563d ; cf. *Lois* VI, 756e-758a). Aussi la ressemblance de la fin de cet extrait avec deux passages de la *République* n'est-elle en réalité, une fois de plus, qu'une déformation. Si, d'une part, comme Aspasie (238e), Socrate affirme lui aussi que dans la cité juste, les gouvernants ne regarderont pas les gouvernés comme leurs esclaves, et que ceux-ci ne regarderont pas les premiers comme leur maîtres (*République* IV, 463a-b) ; et si, d'autre part, le « noble mensonge » invite également les habitants de la cité à se considérer comme des frères nés d'une seule et même mère (*République* III, 414e) comme le fait ici l'oratrice (*mias mètros*, 239a), ce n'est pas pour autant au nom de l'égalité indifférenciée de chacun avec tous, mais au contraire sur la base d'une égalité proportionnelle qui assigne des places et des fonctions différentes à chacun selon ses compétences, et toujours au nom de la justice et de l'unité de la cité.

---

1. Voir M. Ostwald, *Nomos and the Beginnings of the Athenian Democracy*, Oxford, Clarendon Press, 1969, p. 96 *sq*. Voir G. Vlastos, « Isonomia politikê », *Platonic Studies*, Princeton, Princeton University Press, 1973, p. 165-203.

L'ÉLOGE DES MORTS (II).
LES EXPLOITS DES MORTS ET DE LEURS ANCÊTRES
(239A-246A)

*La liberté comme valeur suprême, les exploits
légendaires des lointains ancêtres, et pourquoi la
présentation de ces exploits par Aspasie est brève
(239a-c)*

La continuité est si affirmée entre, d'un côté, la nature,
avec tout le déterminisme que l'autochtonie impose aux
fils de la terre, et, de l'autre, la politique, qu'elle « force »
(*anankazei*, 239a) les ancêtres des morts à prolonger
l'égalité de naissance en une égalité par la loi. Il est alors
difficile de concevoir « l'entière liberté » (*en pasèi
eleutheriai*, 239a) dans laquelle, aux dires d'Aspasie, ces
hommes furent nourris. Peut-être une telle conjonction de
contrainte et de liberté est-elle l'imitation décalée, suggestive
mais insuffisante faute d'en appeler à une bonne mesure,
du bon mélange de nécessité et de liberté qui seul réussit
aux régimes politiques, notamment à Athènes (*metriotèta
tina*, *Lois* III, 701e). Ce décalage est également notable
dans le fait que la liberté est le maître mot de toute l'histoire
relatée dans la deuxième partie de l'oraison et qui,
conformément à ce qui a été annoncé en 237b, va porter
sur les « nombreuses belles actions » elles-mêmes (*polla
dè kai kala erga*, 239a). Que faut-il donc entendre par
« liberté » ? Il n'y a assurément rien d'hégélien dans le fait
que l'histoire d'Athènes, limitée à ses rapports avec les
autres cités grecques et le monde barbare, soit ici une
histoire de (la) liberté. Cette liberté représente bien plutôt
la valeur suprême que ce régime défend (*huper tès*

eleutherias, 239a-b) dans toutes ses actions, auxquelles elle sert donc d'explication ou de justification. C'est ce qui permettra à Aspasie d'occulter les véritables motivations d'Athènes dans certains de ces conflits, en particulier son appétit de croissance que Thucydide considère comme la cause principale de la guerre du Péloponnèse (*Hist.* I, 23). Mais en même temps que la falsification des faits historiques, c'est aussi la vérité idéologique de l'Athènes démocratique qui est à la fois glorifiée (par Aspasie) et critiquée (par Socrate) dans ce récit, le choix de la liberté comme valeur suprême d'Athènes n'étant pas, en effet, une pure invention de l'oratrice. Périclès en fait la règle de conduite de la démocratie dans ses relations avec l'extérieur (Thucydide *Hist.* II, 37), et Platon, dans la typologie des régimes du Livre VIII de la *République* (557b), y voit la valeur caractéristique de la démocratie : elle y est à la fois le principe politique par lequel chaque citoyen dispose de la liberté de s'exprimer et de faire tout ce qu'il veut (*République* VIII, 557b-558c), et ce trait psychologique partagé consistant à lâcher la bride à tous les appétits au nom de leur égalité supposée, et conduisant chacun à mener une vie sans « aucun ordre, [ni] aucune nécessité » autre que celle dictée par le désir du moment (*République* VIII, 558c-562a ; cf. *Lois* III, 701a-d). La liberté démocratique qui naît d'une passion égalitariste n'est que licence sans frein – Platon, on l'a dit, parle du type démocratique comme d'un homme « égalitaire » ou « isonomique » (*isonomikou andros*, *République* VIII, 561e). Dans tous ces textes, c'est donc moins contre la liberté que contre les excès issus de son statut de valeur démocratique absolue que Platon met en garde.

Le récit d'Aspasie s'ouvre par l'évocation de faits mythiques ancestraux où apparaissent déjà non seulement le motif principal qui décidera Athènes à intervenir dans les conflits à venir – se défendre et défendre les autres (*èmunanto* [...] *èmunan*, 239b; 241a-c; 244b-c) – mais aussi les changements d'alliances qui seront la loi dans les guerres futures – elle aide les Argiens puis intervient contre eux. Ces faits sont néanmoins mentionnés sans être développés. Une telle brièveté est justifiée par deux lieux communs rhétoriques. Le premier est que l'orateur manque de temps pour exposer « dignement » (*axiôs*, 239b) son sujet[1] – quelle serait d'ailleurs la mesure ou le critère de cette « dignité » des paroles : le renom de l'orateur, la vérité de ses propos, leur pouvoir de séduction? Le second est la concurrence des poètes[2], qui ont déjà « admirablement célébré en musique l'excellence » (239b) dont les ancêtres ont fait preuve lors de ces exploits. Or, déclare Aspasie, « si nous entreprenions » de dire ces mêmes faits par une « parole à l'état brut (*logôi psilôi*), peut-être ne paraîtrions-nous (*takh'an [...] phainoimeta*) mériter que la seconde place » (239c). Cette remarque importante appelle deux commentaires.

Tout d'abord, passant insensiblement du « je » au « nous » – phénomène qui se répètera en 248e – avant de revenir au « je » juste après en 239c, Aspasie laisse transparaître à quel point l'oraison est bien le discours que la cité tient sur elle-même plutôt que la création originale d'un orateur singulier. Parlant au nom de la cité, des ancêtres des morts, des morts et des vivants tout à la fois, elle ne

---

1. *Cf.* Lysias II, 1.
2. *Cf.* Isocrate, *Panégyrique*, 74.

peut, bien qu'elle soit étrangère, faire qu'un avec eux, le « je » qu'elle utilise n'étant que l'indication de sa fonction de porte-parole. Si la présence d'Aspasie en première personne transparaît certes dans la métaphore sexuelle qu'elle emploie juste après – elle propose ses services d'« entremetteuse » aux poètes (*promnômenon*, 239c) en leur fournissant une matière encore à « briguer » (*en mnèsteiai*, 239c [1]) sur laquelle exercer leurs talents et gagner leur réputation (*doxan*, 239c) – cette présence en première personne se dissipe aussitôt du fait qu'Aspasie n'est justement évoquée ici que comme le personnage d'une *doxa* – celle qui courait sur elle à Athènes.

Mais le « nous » qu'elle emploie est peut-être aussi, dans ce cas précis, une allusion à Socrate, qui travaille en sous-main toute l'oraison, et qui se signale ici par la référence à « une parole à l'état brut » (*logôi psilôi*, 239c). Que faut-il entendre par là ? Pour Aspasie, l'oraison est « brute » par différence avec le discours des poètes, dont elle ne présente aucun des artifices : outre qu'elle est prononcée ici en dehors du cadre cérémoniel dans lequel elle s'inscrit d'ordinaire et qui n'est pas étranger à ses effets sur les auditeurs, elle ne partage, de la poésie, ni le bénéfice esthétique que celle-ci tire de ses contraintes métriques, ni l'accompagnement musical auquel Aspasie fait référence juste avant et juste après (respectivement, « célébrant en musique (*en mousikè humnèsantes*) », 239b, et les « chants (*ôdas*) » des poètes, 239c). Contrairement à ce que suggèrent certaines traductions, cette « parole à l'état brut » ne désigne pas la prose par opposition à la

---

1. *En mnèsteiai* se dit d'une femme libre dont on peut briguer la main. Selon un autre manuscrit, *en amnèstiai* : « et qui sont encore dans l'oubli. ».

poésie, différence toute moderne fondée uniquement sur des critères stylistiques. C'est ce que le *Phèdre* confirme en évoquant une « poésie à l'état brut » (*poièsin psilèn*, *Phèdre*, 278c), c'est-à-dire privée de son accompagnement musical. Aussi, s'il n'est pas impossible qu'Aspasie, abandonnant la lutte contre les poètes, déplace la compétition sur le terrain des fabricants d'oraison [1], ce déplacement est toutefois secondaire en comparaison de ce que Socrate injecte dans cette expression ambiguë, dont le sens dépend aussi de la nature ou de l'identité des juges à qui « nous paraîtrions » (*phainoimetha*, 239c) ne mériter que le second rang à cause de cette « parole à l'état brut ». À ses yeux, la parole d'Aspasie est brute en ce qu'elle se résume aux mots qu'elle aligne, comme toutes les oraisons, sans vraiment se soucier du vrai, et en outre avec moins de charme que la vraie poésie, celle des grands poètes. Mais ce *logos* à l'état brut évoque aussi la parole même de Socrate, qui travaille en sous-main le discours d'Aspasie. Alcibiade en témoigne : à la différence de Marsyas, Socrate n'a nul besoin d'instruments pour mettre son interlocuteur dans un état de possession, ses « paroles à l'état brut » (*psilois logois*, *Banquet*, 215c) y suffisent. Son *logos* va à l'essentiel, à l'essence, il produit son effet sur l'âme qui sait l'écouter, sans avoir besoin des figures et tournures dont l'oraison est chargée. Ainsi, le « nous » employé par Aspasie peut bien être une manière de faire aussi référence à Socrate : car il est vrai que pour la plupart des auditeurs sa parole de vérité, parole brute, semblera inférieure à celle des poètes et des orateurs.

---

1. N. Loraux, « Socrate contrepoison de l'oraison funèbre. Enjeu et signification du *Ménexène* », art. cit., p. 198-199.

Les guerres médiques ou guerres contre les Barbares
(239d-241e). L'Europe et l'Asie asservies aux Perses
(239d-240a). La libération par les Athéniens : la
victoire terrestre de Marathon (240a-e), la victoire
maritime de Salamine et d'Artémision (240e-241c),
la victoire de Platées avec les Lacédémoniens.
D'autres guerres contre les Barbares (Eurymédon,
Chypre, Égypte) (241c-e)

La partie événementielle de l'oraison s'ouvre par le
récit des guerres contre les Barbares, c'est-à-dire contre
les Perses. Il est vain de chercher dans ce récit un quelconque
souci de vérité historique. L'intérêt de cette section réside
dans le prisme à travers lequel l'oraison les présente, par
comparaison avec d'autres textes de Platon évoquant des
faits similaires. Dans les *Lois* (III, 694a-699d) l'empire
Perse et Athènes sont deux régimes qui comportaient à
l'origine un égal mélange de contrainte et de liberté, mais
qui ont évolué ensuite en deux sens opposés : la Perse vers
l'extrême servitude, Athènes vers l'extrême liberté. Dans
ce passage du *Ménexène*, les contraires, loin d'être mélangés,
sont assignés séparément à chacun de ces deux régimes,
en un diptyque intentionnellement simpliste dont l'unique
objectif est, du point de vue d'Aspasie, de mieux faire
ressortir la valeur d'Athènes et des Athéniens. Dans le
rapide résumé historique qui précède le récit plus détaillé
des conflits eux-mêmes (239d-240a), les Perses sont
présentés comme les ennemis de la liberté, les champions
de la servitude (quatre termes évoquent l'esclavage entre
239d et 240a : *edouleue, edoulôsato, dedoulômenai,*
katadedoulômenè). Leur histoire, de Cyrus à Darius, se
résume à l'extension géographique de leur domination :
l'esclavage intérieur dans lequel les rois tiennent leurs

sujets s'étend ensuite aux peuples étrangers pour aboutir, exagération finale, à l'asservissement de « l'esprit de *tous* les hommes » (*hapantôn anthrôpôn*, 240a ; je souligne). Loin de fournir une quelconque explication d'une telle histoire, ce bref exposé préliminaire minimise plutôt la cause de la domination perse : les conquêtes de Cyrus n'ont pour origine que sa vaine « arrogance » (*phronèmati*, 239d), et ce n'est que par la peur qu'il a pu asservir les opinions de tous ces peuples et instiller en eux une représentation erronée des événements. Athènes, bien sûr, est la seule à ne pas se départir de son bon sens. Son rôle démystificateur et libérateur – les Athéniens seront qualifiés de « pères de la liberté » (240e) – sera confirmé dans la suite à l'occasion du récit de Marathon : Athènes enseignera aux autres « que la puissance des Perses n'était pas invincible, [...] que tout le nombre qu'on voudra et toute la richesse du monde s'inclinent face à l'excellence » (240d), et que « les Perses, [qui] passaient pour (*doxan*) être invincibles sur mer » (241b) ne l'étaient pas en réalité. Ce n'est pas le moindre des paradoxes de cette oraison mystificatrice que de présenter Athènes en train de dissiper les illusions du reste du monde.

Le rôle insurpassable d'Athènes et des Athéniens au cours de ces guerres est présenté en quatre moments principaux : Marathon, Salamine et Artémision, Platées, et les autres guerres contre les Barbares. La description de chacune de ces étapes comporte progressivement de moins en moins de détails, au profit d'une simple variation sur le même thème répété à l'envi, celui d'une Athènes posant en sauveur de la Grèce et éternel modèle d'excellence pour les autres cités. Ainsi Salamine et Artémision « continuent et achèvent l'œuvre des hommes de Marathon » mais cette fois sur mer (241a-b). Platées n'est évoquée qu'en trois lignes, dans la continuité de Salamine, avec cette différence que Sparte combat cette fois aux côtés d'Athènes (241c). Enfin, les combattants des dernières guerres « menèrent à son terme l'œuvre de salut initiée par les exploits de leurs devanciers en purifiant et en débarrassant la mer de tout élément barbare » (242d).

Cette permanence idéologique du rôle et de la valeur d'Athènes à travers les conflits avec les Barbares n'est sans doute pas étrangère au fait que la défaite (provisoire) du Grand Roi, plutôt que de se solder par une paix durable entre Grecs, débouche au contraire sur leur dissension (242a). En effet, quelles que soient les imprécisions, les exagérations et les distorsions qu'Aspasie ou Socrate inflige ici aux versions plus objectives des faits établies par les historiens d'alors et d'aujourd'hui, ce passage se caractérise surtout par la mise en scène rhétorique d'un renversement de situation stratégique et politique, qui se solde pourtant par une situation formellement identique à la précédente. Car, certes, Athènes libère les autres Grecs de la crainte des Barbares en général, et du Grand Roi en particulier (*mè phobeisthai*, 241c) : ce dernier gouverne chez lui par la peur – il menace le général Datis qu'il envoie marcher contre les Grecs (240b) – et l'inspire aussi à l'extérieur (*ekpeplègmenoi*, 240c ; *ton exomenon phobon [...] phoboumenos [...]*, 241a). Mais cette libération dont Athènes se glorifie ne fait que changer l'objet de la peur : désormais c'est elle qui inspire la peur au Grand Roi (*basilea [...] deisanta*, 241e) comme elle a pu l'inspirer à Sparte d'après Thucydide (*Hist.* I, 23). Athènes occupe donc désormais vis-à-vis des autres Grecs la place qui était auparavant celle des Perses. Elle ne diffère en rien de l'ennemi dont elle prétend se démarquer.

On comprend qu'en prétendant être « l'école de la Grèce » (240d, 240e, 241c ; *cf.* Thucydide *Hist.* II, 41) – cette cité ne suscite donc que rancœur et malveillance. Elle a beau jeu de faire valoir son courage ou sa vertu dans un contexte qu'elle prétend marqué, d'abord, par le déséquilibre qualitatif et quantitatif des forces en présence. Deux oppositions sont particulièrement éloquentes de ce point de vue : les ennemis disposent de « tout le nombre […] et toute la richesse du monde » (*pan plèthos kai pas ploutos*, 240d) alors que les Athéniens n'ont pour eux que « l'excellence » (*aretèi*, 240d) ; et à Marathon, les Grecs repoussent « les Barbares sans nombre (*pollous*) avec une poignée d'hommes (*oligois*) » (241b). Ensuite, Athènes est décrite dans une position initiale défavorable, en raison à la fois de la puissance apparente de l'ennemi – les Perses soumettent les Érétriens qui « étaient parmi les plus réputés (*eudokimô-tatoi*) pour ce qui touche à la guerre et n'étaient pas peu nombreux » (240b) –, et de son isolement relatif parmi les cités grecques (240c). Tous ces éléments renforcent le beau rôle que la cité se donne dans cette histoire, qui culmine dans l'idée que la puissance d'une cité tient à sa vertu ou à son excellence, non à sa richesse ou au nombre de ses combattants (240d). Socrate soutient cette thèse dans la *République* (IV, 422d-423c) : selon lui, la puissance d'une cité tient non pas à sa richesse ou au nombre de ses soldats mais à son unité, ce qui lui vaut beaucoup d'alliés et peu d'ennemis. Mais le récit qui va suivre dans le *Ménexène*, celui de la guerre entre les Athéniens et les autres Grecs, montre que la ressemblance n'est que verbale entre ce passage de la *République* et le *Ménexène*, et qu'Athènes est le portrait inversé de la cité décrite par Socrate dans la *République* : la politique d'Athènes va lui valoir *peu* d'alliés et *beaucoup* d'ennemis, parce qu'elle est de même nature que celle qu'elle a combattue. Cette inversion ne décrit toutefois pas une altérité radicale d'Athènes par rapport à la cité juste mais plutôt, redisons-le, son extrême altération.

> *Les guerres contre les Grecs (242a-246a). Les batailles de Tanagra et d'Œnophytes contre les Lacédémoniens (242a-c). La bataille de Sphactérie contre tous les Grecs (242c-e). Succès et revers en Sicile et dans l'Hellespont (242e-243b). La guerre contre les Grecs alliés aux Barbares (243b-d). La guerre civile (243d-244b). La guerre contre les Lacédémoniens pour la liberté des autres Grecs et des Perses (244b-245b). La guerre de Corinthe pour sauver les Grecs d'Asie mineure, suite au revirement des Perses et à la trahison des autres Grecs (245b-246a)*

Des guerres contre les Grecs, Aspasie présente trois épisodes principaux : les conflits opposant Athènes à d'autres cités grecques, la guerre civile athénienne, et les combats dus aux renversements d'alliance après le retour du Grand Roi sur l'échiquier stratégique régional. Athènes se trouve seule contre tous la plupart du temps, au point d'être confrontée à « tous les hommes » (243d). Cette hyperbole signale une rupture des relations pacifiques entre les cités grecques qui, jusque-là, partageaient toutes un même parler, une « homophonie » (*homophônôn*, 242a) au double sens du terme en grec : elles parlaient toutes « une même langue », mais elles parlaient toutes aussi « d'une même voix » car elles avaient un seul et même ennemi, le Grand Roi. Une fois ce dernier défait, l'accord de surface se brise, les inimitiés se raviment. Le rapport d'Athènes avec les autres cités grecques, puis avec elle-même dans la guerre civile, se modèle alors sur celui de ses rapports avec les peuples barbares : même les Grecs deviennent à ses yeux des Barbares, dans un rapport d'incompréhension mutuelle où le désaccord n'est pas simple divergence d'opinion mais incapacité d'articuler le même et l'autre autrement que sur le mode de l'exclusion mutuelle et de la violence. Cette haine du Barbare a pour traduction politique une soif de conquête, travestie en simple réponse aux hostilités déclenchées par les autres cités. Elle s'exprime dans un discours lui aussi « homophone », un discours fou où ne règne que le même, où Athènes parle d'Athènes à Athènes, et dont l'arsenal rhétorique vante avec une démesure ironique le prestige moral de la cité et de ses hommes. Par leur commune outrance, cette haine du Barbare et ce portrait moral d'Athènes composent une fois de plus un faux-semblant ou une version dégradée du discours sur la cité juste de la *République* et des *Lois*.

Commençons par le portrait éthique de la cité. Dans tous ces conflits, l'intervention d'Athènes obéit au même principe que lors des Guerres médiques : le souci de la liberté. Même lorsque les trahisons qu'elle subit la décident à ne plus se tenir à ce principe (244c), sa générosité est telle qu'elle ne tient pas longtemps cette résolution et, comble de noblesse, qu'elle intervient pour la liberté de son ennemi de toujours, le Grand Roi lui-même (244e-245a). Plutôt que de voir dans cet amour de la liberté un excès, comme dans les *Lois* (III, 694a-699d), ou une passion démocratique poussée si loin qu'Athènes en vient à trahir ses engagements passés, Aspasie l'en gratifie comme d'une vertu. Outre la fidélité à la liberté, ces guerres entre Grecs sont aussi l'occasion de faire briller trois autres qualités morales d'Athènes : sa modération ou sa clémence (elle épargne les chefs lacédémoniens capturés à Sphactérie, 242c-d ; *sôphrosunès*, 243a ; *metriôs*, 243e), sa fidélité aux serments (243a), et sa noblesse (*gennaion*, 245c). Le tout compose un portrait qui cadre mal avec la critique dont Athènes, qu'il s'agisse de ses dirigeants ou de ses habitants, fait d'ordinaire l'objet de la part de Socrate, par exemple dans le *Gorgias* (517a-519b) ou le *Ménon* (70c). Concernant la modération, la guerre civile relatée peu après indique qu'il ne peut s'agir de sa version socratico-platonicienne telle qu'on la trouve dans la *République*, dialogue dans lequel cette vertu « s'étend à la cité entière et [...] [consiste] en une identité de vues, [en un] accord (*sumphonian*) conforme à la nature entre l'élément qui est moins bon et celui qui est meilleur pour savoir lequel doit diriger [...] » (*République* IV, 432a).

Cet éloge sans mesure d'Athènes dénonce d'autant plus ses excès et sa partialité que la cité y est toujours présentée comme innocente et soucieuse de la paix (242d, 243e, 244b), tandis que les motifs des ennemis extérieurs pour entamer les hostilités révèlent leur propre bassesse. Ainsi dans les guerres entre Athènes et les autres cités grecques, c'est progressivement la rivalité, la jalousie (*zèlos [...] phthonos*, 242a) puis le désir de victoire (*philonikias*, 243b) de ces cités qui sont à l'origine du conflit, Athènes s'y trouvant engagée « malgré elle » (*akousan*, 242a). Outre « l'incroyable omission » de l'impérialisme athénien comme cause du conflit [1], la jalousie croissante dont font preuve les ennemis renvoie à cette passion qui déborde le seul contexte amoureux pour

---

1. S.D. Collins, D. Stauffer, « The Challenge of Plato's *Menexenus* », *The Review of Politics*, vol. 61, 1 (Winter, 1999), p. 100 (« incredible omission »). Cet impérialisme est évoqué par Isocrate, *Panégyrique*, 100-109, et Thucydide, *Hist.* I, 23. Voir J. de Romilly, *Thucydide et l'impérialisme athénien*, Paris, Les Belles Lettres, 1947 ; et C. Mossé, « Périclès et l'impérialisme athénien de Thucydide à l'historiographie contemporaine », *Dialogues d'histoire ancienne*, 2011, Sup. 5, p. 49-55.

concerner tous les aspects de la vie, et dont la pire forme consiste, comme c'est le cas ici, à ne pas supporter la supériorité d'autrui, en l'occurrence Athènes, en matière de vertu[1]. C'est sous l'effet de cet affect que les cités grecques décident de s'unir et de chercher l'aide du Grand Roi contre Athènes.

L'innocence prétendue d'Athènes est également mise en avant à propos de la guerre civile : le souci de préserver l'intégrité morale des Athéniens est tel qu'Aspasie présente cette guerre comme un conflit sans cause, en aucun cas dû à la méchanceté ou à la haine animant les Athéniens, mais uniquement à la mauvaise fortune (*dustukhiai*, 244b). Avec une ironie et une ambivalence très provocantes, notamment dans l'expression « les citoyens se mêlèrent les uns aux autres (*sunemeixan*) » (243e), verbe qui s'emploie autant pour les embrassades que pour les combats au corps à corps, Aspasie n'évoque directement aucun des maux nés de cette guerre interne, mais décrit au contraire l'esprit de réconciliation qui a prévalu dans la cité (*asmenôs, oikeiôs, metriôs, tôi onti suggeneia, philian bebaion kai homophulon*, 243e-244a). Une telle succession d'antiphrases ne peut que surprendre ou faire sourire le lecteur instruit de la violence de la guerre civile athénienne, et connaissant la gravité que Platon accorde d'ordinaire à ce type de conflit. La *stasis*, maladie des cités empiriques et symptôme d'une conception incorrecte de la bonne *politeia* et du bien gouverner, est en effet pour lui le pire des maux politiques, comme les *Lois* le signalent clairement (I, 627c-628c). Aspasie, au contraire, montre les Athéniens sous leur meilleur jour même au cœur des pires difficultés, et va même jusqu'à faire de cette guerre civile un « modèle »

---

1. Voir L. Brisson, « La notion de *phthonos* chez Platon », *Lectures de Platon*, Paris, Vrin, 2000, p. 219-234.

du genre (244e)! Enfin, l'innocence d'Athènes est évoquée aussi à propos des derniers conflits. Aspasie en impute la responsabilité à la malveillance des Lacédémoniens – ils profitent de la résolution athénienne de ne plus entrer en guerre pour la liberté (244c-d) – et à la trahison, qui plus est monnayée, dont d'autres cités grecques se rendent coupables au bénéfice du Grand Roi (245c).

Dans ce portrait d'Athènes, inversé par rapport à ce que Socrate donne d'ordinaire à entendre sur sa cité (*Gorgias* 517a-519b), mais à l'endroit par rapport à ce que donnent à lire les autres oraisons, Aspasie évoque la pureté des Athéniens (*eilikrinôs*, *amigeis*, 245d) dans un discours identitaire qui « explique » ou, du point de vue de Socrate, qui trahit, la violence folle de cette cité. Aspasie montre par exemple qu'Athènes ne doit rien aux autres, pas même ses propres difficultés, mais à elle seule, comme si le passif d'un défaut devenait presque une qualité du fait de ne devoir son origine qu'à la cité elle-même :

> Car c'est grâce à eux [= les ancêtres qui combattirent dans ces conflits] que notre cité doit sa réputation de n'être jamais défaite, fût-elle attaquée par l'humanité entière : réputation fondée en vérité, car ce sont nos propres divisions, non les forces d'autrui, qui triomphèrent de nous. Invaincus, nous le sommes encore en effet aujourd'hui, du moins par ces adversaires, *mais c'est nous-mêmes qui, vis-à-vis de nous-mêmes (hèmeis de autoi hèmas autous), avons été et vainqueurs et vaincus (kai enikèsamen kai hèttèthèmen)*. (243d, je souligne)

La formule mise en italiques ne dénonce pas sa faiblesse par son paradoxe mais par le fait qu'aucun critère n'est avancé pour déterminer les deux états comparés, la victoire et la défaite de la cité vis-à-vis d'elle-même, ni pour juger

de l'état ou de la qualité de la cité. C'est tout le contraire
des *Lois* où

> chaque fois que [les citoyens injustes] auront le dessus
> [sur les honnêtes citoyens], il sera juste de dire tout à la
> fois que la cité a été vaincue (*hèttôn*) par elle-même et
> qu'elle est mauvaise, tandis que chaque fois qu'ils auront
> le dessous (*hèttôntai*), il sera juste de dire tout à la fois
> que la cité l'a emporté sur elle-même et qu'elle est bonne.
> (*Lois* I, 627c-d)

La formule d'Aspasie, elle, brouille tout ce qui serait
susceptible d'introduire de la différence dans la cité, quelque
chose comme une structure ou des fonctions où pourrait
s'immiscer un rapport de soi à soi différencié, réflexif et
ouvert à une connaissance de soi par soi, pour autant qu'un
tel rapport soit possible au niveau de la cité prise comme
un tout. Un tel empire du même (*hèmeis de autoi hèmas
autous*), qu'il soit athénien ou grec – les frontières sont
difficiles à tracer dans tout ce passage –, ne se laisse en
effet qu'à peine fissurer par la guerre civile, du moins dans
la description qu'en donne Aspasie : « la parenté et l'amitié
solide entre peuples de même race » (244a) semblent en
effet y éteindre les différends dès qu'ils se manifestent.

Cette extrême coïncidence de la cité avec elle-même,
enracinée dans le thème initial de l'autochtonie, confirme
son aveuglement sur sa propre valeur et implique qu'elle
n'ait avec l'extérieur qu'un rapport d'exclusion et d'hostilité,
le Barbare représentant dans ce schéma la figure de l'altérité
absolue, à laquelle, on l'a vu à plusieurs reprises, Athènes
ressemble toutefois très fortement. Dans le prolongement
de la mauvaise division si couramment pratiquée par les
Grecs entre « Grecs » et « Barbares » pour se glorifier
eux-mêmes (*Politique*, 262d-263d), la « haine naturelle

[d'Athènes] pour le Barbare » (*phusei misobarbaron*, 245c) et plus généralement « la pureté de sa haine envers tout ce qui est de nature autre » (*katharon to misos [...] tès allotrias phuseôs*, 245d) signalent son refus de toute compromission ou contact avec ce qui n'est pas elle.

Ce passage s'écarte donc nettement du simple *constat* que le monde comprend et des Grecs et des Barbares (*Lois* I, 635b ; II, 680b ; III, 687b). Il s'écarte aussi, à plus forte raison, de cette esquisse d'universalisme anthropologique qui transparaît dans les propos de l'Athénien lorsqu'il décrit des attitudes ou des coutumes présentes aussi bien chez les Grecs que chez les Barbares, comme la survalorisation de la richesse (*Lois* IX, 870a) ou le fait religieux (*Lois* X, 886 ; 887e). Surtout, il se distingue d'un passage en apparence proche de la *République* (IV, 470a-471c) dans lequel Socrate dessine ce que serait l'hostilité rationnellement réglée de la cité juste envers les Barbares. Il distingue pour ce faire la guerre des Grecs contre les Barbares, qui sont différents et étrangers (*allotrion kai othneion, République* IV, 470c), de la dissension interne opposant des Grecs à des Grecs, et à propos de laquelle il souligne la nécessité de la modération pour favoriser une réconciliation future [1]. Deux écarts majeurs séparent pourtant ce passage de la *République* du *Ménexène*. D'une part, il n'évoque aucune haine envers tout ce qui est étranger, mais prend seulement acte du fait indépassable des rapports d'amitié et d'inimitié ou d'hostilité (*ekhtra*, 470b, 470c) inhérent aux relations internationales, ainsi que de la plus

---

1. Notons que ce n'est pas Socrate mais Glaucon qui suggère de se comporter contre les Barbares « comme les Grecs se comportent à présent les uns envers les autres », ce à quoi Socrate ne répond pas (471b), son souci premier étant de prévoir toutes les mesures nécessaires en vue de la réconciliation.

ou moins grande distance culturelle séparant une cité des autres. D'autre part, l'altérité des Barbares de la *République* n'est pas celle d'une essence mais celle d'un *rapport réciproque*, les formulations de Socrate soulignant que l'altérité n'est, par définition, la propriété d'aucun peuple : commençant par cette règle générale qu'il y a, d'un côté, « ce qui est proche et du même peuple (*to men kai oikeion kai suggenes*), de l'autre ce qui est différent et étranger (*to de allotrion kai othneion*) », il poursuit en disant que « la race grecque est pour elle-même proche et apparentée, et [qu'] elle est étrangère et autre *pour* la race barbare (*tôi de barbarikôi othneion te kai allotrion*) », faisant ainsi des Grecs eux-mêmes une figure de l'altérité (*République* V, 470c ; je souligne). Dans le *Ménexène* au contraire, les Barbares sont d'une *essence* autre, ce sont des ennemis de la liberté, assoiffés de pouvoir. Là encore, l'oraison fait résonner en creux une autre parole socratique sur le même sujet, qu'il dépend de l'intérêt et de l'aptitude de Ménexène pour la philosophie d'aller quérir ou non. On ne saurait terminer sans signaler la vaine grandiloquence du motif de la « haine pure envers les Barbares » : Athènes, en acceptant de porter secours indirectement à leur chef suprême qu'est le Grand Roi (244d-245b), dénonce l'incohérence de sa propre attitude et de ses engagements. Elle aussi est une cité barbare.

LES CONSEILS AUX VIVANTS (246A-249C)

Conformément à ce qui a été annoncé au début de l'oraison, la consolation finale (*paramuthia*) a la forme d'une prosopopée articulée en deux temps : l'exhortation que les morts adressent à leurs enfants (*parakeleuomenos*, 236e) (246a-247c), et la consolation proprement dite qu'ils adressent à leurs parents (*paramuthoumenous*, 236e) (247c-248d). À ces deux étapes s'ajoutent l'exhortation et la consolation que l'oratrice elle-même adresse aux enfants et aux parents des morts (248d-249c). Le ton apparemment plus sérieux de toute cette section a servi d'argument à certains commentateurs pour dénier l'intention parodique ou critique de l'oraison, et pour considérer l'ensemble de ce discours funèbre comme la version socratique de ce que serait une bonne et véritable oraison, rivale de celle de Thucydide[1]. D'autres exégètes ont tiré argument de ce prétendu changement de ton pour lire l'oraison d'Aspasie comme un texte mi-sérieux mi-parodique : du début jusqu'au récit des guerres avec les Grecs, elle serait parodique, puis dans cette consolation, son intention serait sérieuse et présenterait même des traits tout à fait socratiques. Or, outre qu'elle est artificielle,

1. N. Pappas, M. Zelcer, *Politics and Philosophy in Plato's* Menexenus. *Education and Rhetoric, Myth and History*, op. cit.

l'opposition entre la parodie et le sérieux empêche de donner une lecture cohérente du dialogue. Il n'y a en effet aucune rupture entre le début et la fin de l'oraison [1]. L'ensemble obéit à un seul et même principe : celui d'un discours à double visage qui, tout en caricaturant les traits du genre, en déconstruit la rhétorique et suggère en creux, ou en ombre, qu'un autre discours sur la vertu civique est possible. La partie finale de l'oraison n'échappe pas à cette ambivalence. On y trouve à la fois une version purement militaire et civique de la vertu, fondée sur l'ignorance de soi, l'indifférence à la vérité et la recherche de faux biens, et, indirectement suggérée, une conception socratique plus large de la vertu reposant quant à elle sur la connaissance de soi, le souci du vrai et la quête du bien véritable. À la fin de son discours, Aspasie présente également une version démocratique du soin politique, simulacre des considérations sur le même sujet qu'on trouve dans la *République*, le *Politique* et les *Lois* à propos des cités justes.

EXORDE (246A-C)

La consolation est introduite par une brève présentation (246a-c), qui s'ouvre par le *topos* du manque de temps pour évoquer convenablement tous les exploits des morts [2]. On peut se demander pourquoi Aspasie a décidé d'occulter dans son oraison les faits « encore bien plus beaux » (*polu d'eti [...] kalliô*, 246a) accomplis par les morts au lieu de commencer par eux, si son propos était vraiment de célébrer

---

1. F.V. Trivigno, « The Rhetoric of Parody in Plato's *Menexenus* », *Philosophy and Rhetoric*, vol. 42, 1, 2009, p. 41, argumente aussi en faveur d'une telle continuité et de sa portée à la fois critique et constructive.
2. V. Frangeskou évoque Lysias notamment ; « Tradition and Originality in Some Attic Funeral Orations », art. cit., p. 318.

leur courage. Quoi qu'il en soit, elle souligne ici, comme dans l'éloge, la continuité et l'indiscernabilité des morts et des vivants. Elle formule pour cela une injonction morale à se souvenir d'eux en acte, en imitant leur conduite. Tout le passage qui précède l'exhortation proprement dite a de faux accents socratiques. La métaphore militaire employée pour appeler les vivants à se montrer courageux – ne pas abandonner le poste des ancêtres, ne pas battre en retraite – est en effet celle qu'emploie Socrate pour désigner son engagement indéfectible au service de la philosophie (*Apologie*, 28d-e). Elle figure aussi dans la prosopopée socratique des lois du *Criton* (51b). Mais ce rapprochement n'est que de surface. D'une part, les lois du *Criton* ne figent pas une conduite, elles appellent seulement à une attitude de cohérence civique entre la vie et le moment de la mort : si l'on est resté sa vie durant dans une cité, pourquoi donc la quitter à l'heure de mourir ? D'autre part, et surtout, tandis que le courage de Socrate est un vrai courage qui « n'a peur ni de la mort ni de quoi que ce soit d'autre » non en raison d'une aveugle témérité mais parce que Socrate s'est « soumis lui-même à examen » (*Apologie de Socrate*, 28d-e), ce n'est qu'à une apparence de courage qu'Aspasie appelle les vivants : l'expression couramment traduite par « ne pas céder à la lâcheté » (*eikontas kakèi*, 246b) peut aussi signifier « ne pas ressembler au vice » ou ne pas en avoir l'allure. Dans la continuité de ses propos antérieurs sur le régime démocratico-aristocratique athénien, qui avait pour principe l'apparence d'excellence plus que l'excellence elle-même, Aspasie encourage donc ici la duplicité morale des vivants. Elle ternit en outre discrètement, aux yeux de qui prête attention à ces jeux terminologiques, la valeur des morts et de toute la cité puisque la conduite contraire (*toupisô*, 246b) à celle qu'elle interdit ou blâme à présent n'est elle aussi, logiquement, qu'une apparence de vertu ou de courage, plus qu'un courage véritable.

Deux autres faux-semblants socratiques sont encore notables. Aspasie prétend tout d'abord exhorter les vivants à être « les meilleurs possibles ». Si cette injonction est en apparence similaire à l'objectif protreptique de Socrate dans la plupart de ses conversations, elle s'en distingue toutefois par le fait qu'Aspasie remettra en mémoire aux vivants cette injonction au lieu de les inviter à s'examiner eux-mêmes. L'excellence à laquelle elle les appelle sera donc limitée par les conditions de sa mise en œuvre. En annonçant qu'elle rappellera cette exhortation « à chacun d'entre [eux] partout où [elle] [les] rencontrera » (*hopou an tôi entugkhanô humôn*, 246b), comme le taon Socrate attaché aux flancs de la cité pour la piquer et l'arracher à son indolence morale (*Apologie*, 30d-31a), elle ne reprend donc que la forme de l'éthique socratique sans avoir les moyens de la réaliser. Par ses procédures comme par ses objectifs, l'oraison funèbre est décidément très éloignée du dialogue socratique, qui engage des âmes singulières.

La prosopopée qui va suivre – Aspasie va rapporter les propos des morts et demande aux auditeurs de faire comme s'ils les entendaient de leur bouche même (246c) – est encore un rappel socratique mais décalé ou inversé : l'allusion au *Criton*, où la prosopopée des lois a elle aussi pour fonction de recommander un certain type de conduite, est en même temps mise à distance dans la mesure où c'est ici le plaisir (*hèdeôs*, 246c) de parler aux vivants qui « anime » les morts, non le souci de dire la vérité sur ce qu'est la conduite juste.

LA PROSOPOPÉE DES MORTS (246D-248D)

L'exhortation des morts à leurs fils (246d-247c)

Les morts s'adressent d'abord à leurs enfants (246b-247c), puis à leurs propres parents (247c-248d). Dans le discours qu'ils tiennent à leurs enfants, c'est-à-dire à leurs fils, ils se présentent comme des modèles d'excellence à imiter, et même à surpasser. Mais leur conception de l'excellence ou de la vertu, en dépit d'une certaine proximité avec des propositions du Socrate de Platon, dénonce toutefois les limites d'un tel rapprochement.

D'emblée, le choix moral par lequel les morts prétendent s'ériger en modèle est ambigu. La double lecture que le grec autorise de l'expression « *hèmin de exon zèn mèkalôs* » (246d) est un premier indice en ce sens. Elle peut signifier « alors qu'il nous serait possible de vivre sans beauté », comme si les ancêtres disposaient d'une option qu'ils écarteraient. Mais elle peut aussi être traduite par « il nous est possible de vivre sans beauté » (traduction que nous proposons), au sens où ils profitent du laisser-faire typiquement démocratique évoqué dans la *République* (VIII, 557b-c) pour mener une vie sans vertu. S'ils pensent racheter une telle licence par le « beau choix de mourir », la grandiloquence de cette formule révèle néanmoins l'imposture morale des morts : là où une première lecture invite à comprendre qu'ils font le choix de mourir sur le champ de bataille pour montrer l'exemple du courage à leurs enfants, une seconde lecture révèle au contraire qu'ils préfèrent mourir pour éviter le déshonneur à leur proches (*prin...aiskhunai*, 246d), comme s'ils avaient mal agi leur vie durant.

Une ambiguïté similaire apparaît dans l'idée d'une *philia* reliant les dieux, les hommes, les morts et les vivants (247d). De prime abord, cette idée est très proche d'un passage du *Gorgias* où Socrate explique à Calliclès la notion de *cosmos* et l'importance qu'y joue l'égalité géométrique :

> Certains sages disent, Calliclès, que le ciel, la terre, les dieux et les hommes forment ensemble une communauté (*koinônian*), qu'ils sont liés par l'amitié, l'amour de l'ordre, la tempérance et le sens de la justice (*kosmiotèta kai sôphrosunèn kai dikaiotèta*). [...]. L'égalité géométrique est toute-puissante chez les dieux comme chez les hommes. (*Gorgias*, 507e-508a)

Pourtant, à la différence du *Ménexène*, Socrate n'évoque dans le *Gorgias* nulle amitié entre morts et vivants – en quoi pourrait-elle bien consister, faute de réciprocité ? – et il souligne également l'importance de la communauté, que de simples rapports d'imitation ou d'émulation entre générations, centraux ici, ne sauraient constituer. L'égalité de nature et l'égalité par la loi évoquées dans le passage de l'oraison consacré au régime athénien sont donc en porte-à-faux avec l'égalité géométrique qui fait du monde un *cosmos* (*Gorgias*, 508a). Les morts du *Ménexène* ne proposent donc aux vivants qu'un semblant d'ordre ou de cosmos, ce qui n'est pas le moindre des paradoxes dans un discours funèbre prétendant justement offrir un « cosmos », une « parure », aux défunts (236e ; 237e).

Ce simulacre de discours socratique est également perceptible à propos de la notion de vertu, qui occupe une large part de cette exhortation. Le rapprochement apparent tient au fait que la vertu semble désormais déborder le seul courage guerrier comme c'était le cas jusqu'à présent dans l'oraison. Est évoquée en effet la justice ou le sens de la justice (*dikaiosunès*, 247a), ainsi que « le reste de la vertu » (*tès allès aretès*, 247a), ce qui n'est pas sans faire songer aux analyses de Socrate sur l'unité ou la pluralité des vertus (entre autres références : *Protagoras*, 329c-334c ; *République* IV, 427e-434d). Mais l'expression « le reste de la vertu » (*tès allès aretès*, 247a) est ambiguë : il est difficile de savoir si elle renvoie aux autres vertus cardinales non nommées ici, comme la modération et la sagesse notamment, ou si elle signifie, comme la traduction l'autorise, « l'autre vertu », c'est-à-dire le courage indirectement évoqué par son contraire, la lâcheté (*anandrias*, *deilôi*, *deilian*, 246e ; *anandron* 247b). L'évocation du « beau choix de mourir » (*kalôs hairometha mallon teleutan*, 246d) qui peut aussi vouloir dire « nous faisons plutôt le choix de la belle mort », semble plaider aussi en faveur d'une conception étroite, purement militaire, de l'excellence.

Que la vertu soit le facteur qui rend bonne « toute possession et toute occupation » (246e) est une idée formulée aussi par Socrate, par exemple dans le *Ménon*. À la troisième définition de la vertu par Ménon – « le désir des belles choses avec le pouvoir de se les procurer » (*Ménon*, 77b) – Socrate oppose notamment l'idée qu'il est nécessaire de préciser « avec justice et avec piété » (*Ménon*, 78d) pour qu'on puisse vraiment parler de vertu, l'exemple de la richesse étant commun aux deux dialogues (*Ménexène*, 246e ; *Ménon*, 78c-d). Dans le *Ménexène*, les morts évoquent cette fonction littéralement « bienfaisante » ou « bénéfique » de la vertu à propos de la connaissance : celle-ci peut être « savoir » (*sophia*, 247a) ou « habileté de fourbe » (*panourgia*, 247a) selon qu'elle est « coupée » ou non de « la justice et [du] reste de la vertu » (246e). Il y a un clair écho à la réflexion socratique sur le lien étroit entre le savoir et la vertu. Pourtant, cette similitude n'est que formelle. La coupure du *Ménexène* est en effet inverse de celle mentionnée dans le *Phédon* : à une connaissance « coupée du sens de la justice » (*khôrizomenè dikaiosunès*) qui n'est qu'habileté de fourbe (*panourgia*) dans le *Ménexène* (246e-247a), le *Phédon* oppose une vertu « coupée de l'intelligence » (*khôrizômena de phronèseôs*) qui n'est que « vertu en trompe-l'œil » (*skiagraphia*) (*Phédon*, 69b). Tandis que le Socrate du *Phédon* fonde la valeur de la vertu sur le savoir, Aspasie fonde ici la valeur du savoir sur la vertu. Une telle idée est une idée de sophiste : c'est celle que défend Gorgias pour qui la rhétorique, à l'instar d'un art de combat, n'est bonne ou mauvaise que selon l'usage, juste ou injuste, qu'en font ses disciples (*Gorgias*, 456c-457c). Rien d'étonnant donc à ce que la vertu « en trompe-l'œil » du *Phédon* trouve ici un écho dans tout le vocabulaire de l'apparence. Les morts ne se soucient pas que leurs descendants disposent d'un véritable savoir mais seulement d'une apparence de savoir (*sophia phainetai*, 247a) et d'une apparence de vertu, sous la forme de la renommée et des titres de gloire (*eukleiai*, 247a ; *eudoxiôn*, 247b).

Comment les enfants peuvent-ils atteindre le modèle mis en avant par leurs pères ? Les morts n'évoquent en effet aucune éducation morale, aucun souci de l'âme de leurs enfants. Ils les invitent seulement à les imiter, dans un passage marqué par une forte tension interne quant à la possibilité et aux moyens d'une telle imitation. D'un côté en effet, les morts engagent leurs fils à se forger par eux-mêmes des titres de gloire (*parekhein heauton [...] di'heauton*, 247b), ce qu'on pourrait lire comme la transposition pratique de la sagesse socratique du « connais-toi toi-même » (*Charmide*, 164d-166c ; *Timée*, 72a ; *Philèbe*, 19c ; *Alcibiade*, 131b, 133c). Mais de l'autre, ils estiment que la gloire de leurs fils ne pourra avoir pour critère que sa conformité à la réputation des ancêtres, qu'ils la surpassent ou non (247a-b). Ils estiment aussi que le seul mérite de leurs descendants sera de préserver cette réputation comme un trésor transmis de génération en génération (247b). On voit donc mal de quel espace disposent les fils pour faire preuve de leur excellence. La distance d'avec Socrate se creuse d'autant plus que les pères exhortent leurs fils à acquérir par leurs actions des honneurs et des biens matériels (*khrèmatôn*, *ktèmatôn*, 247b), claire allusion aux motivations économiques des conquêtes de l'empire athénien, et plus généralement de toute guerre (*République* II, 373d-374a ; *Phédon*, 66c). Outre le fait qu'elle ternit la noblesse du motif officiel de l'intervention d'Athènes dans les conflits – la défense de la liberté – cette allusion confirme la conception purement militaire de l'excellence présentée dans ce passage, aux antipodes du modèle socratique et platonicien.

La consolation des morts
à leurs ascendants (247c-248d)

La consolation que les morts adressent à leurs parents comprend deux parties. La première (247c-e) les exhorte à considérer le malheur de la perte de leurs fils comme un bonheur, la seconde (247e-248d) les invite à adopter une attitude de modération face à un tel événement, sur le moment et dans le reste de leur vie. La tension entre ces deux parties tient au fait que la seconde semble affaiblir la première : s'il faut être modéré face à la mort d'un fils, c'est qu'il est sans doute difficile ou impossible d'y voir un bonheur.

La première partie repose sur trois paradoxes. Il s'agit d'abord de convaincre les parents que, plutôt que l'immortalité (*athanatous*, 247d), la mort au combat est ce qu'ils pouvaient souhaiter – et souhaitaient sans le savoir – de meilleur pour leurs enfants. Ne pas voir dans la mort le plus grand des maux est certes un idéal héroïque, repris par Socrate (*Apologie*, 29a) et caractéristique des gardiens de la *République* tant pour ce qui concerne leur propre mort que celle de leurs proches : « [le gardien] est celui pour qui il est le moins terrible d'être privé d'un fils […] » (*République* II, 387e). Idéal héroïque encore la préférence que les parents sont invités à accorder au fait que leurs enfants « deviennent bons et renommés » (*agathous kai eukleeis*, 247d), le souci de la gloire ayant été évoqué juste avant dans l'exhortation (247a-b). Mais déjà l'écart à Socrate se fait sentir, puisque ce dernier ne se soucie pas de la gloire et qu'il place l'exercice de la vertu dans la vie tout entière, non dans le seul moment de la mort.

Le second paradoxe est la continuation du premier. Les fils étant censément morts conformément au vœu le plus cher de leurs parents (premier paradoxe), ces derniers sont donc forcément heureux. Or, là est le paradoxe, « il n'est pas aisé (*ou rhaidion*) pour un mortel que, durant sa propre vie, tout arrive comme il l'a conçu (*kata noun*) » (247d) » : la consolation devait aider d'abord les parents à « supporter leur malheur le plus facilement possible (*hôs rhaista*, 247c) », voici qu'elle doit les aider à supporter leur (prétendu) bonheur ! Ce renversement signalé par la reprise du même adjectif, au superlatif puis au positif (*rhastos*, *rhadios*, 247c-d) est trop net pour ne pas être remarqué. Il y a peut-être là une allusion convenue à la difficulté d'*atteindre* le bonheur, mais ce *topos* est lui-même présenté de façon ambiguë. La formule « *kata noun* », traduite le plus souvent par une expression renvoyant à une préférence individuelle, évoque en effet, pour les familiers de Socrate et de Platon, l'intelligence (*nous*) : segment le plus haut des divisions épistémologiques opérées sur la ligne au Livre VI de la *République*, le *nous* accède aux espèces supérieures de l'intelligible en remontant au principe de toute chose (*République* VI, 511d). Notre traduction par « comme il l'a conçu » tente de restituer cette ambivalence, avec cet inconvénient toutefois que les Idées ou Formes intelligibles ne sont pas, au sens propre, conçues par l'esprit mais appréhendées par lui. Quoi qu'il en soit, pour Socrate, mener une vie de mortel en conformité avec l'intelligence est assurément l'une des choses les plus difficiles et les plus importantes qui soit, puisque c'est là que se joue le bonheur ou le malheur de l'homme. En inscrivant cette remarque dans un discours qui paralyse la mémoire des auditeurs et leur ôte justement le moyen d'exercer leur *nous*, Socrate souligne donc de nouveau les limites de l'oraison en faisant entendre en elle des échos philosophiques.

Le troisième paradoxe consiste en ce qu'on pourrait nommer l'inversion de la charge de la preuve : pour témoigner du courage de leurs fils, les parents sont invités à se conduire avec courage face à leur propre malheur, dans l'idée que des braves ne peuvent donner naissance à des lâches. Outre que, comme le paradoxe précédent l'a montré, il n'est censé y avoir aucun malheur dans la perte des fils, ce paradoxe-ci suppose que les pères puissent ne pas être des braves, alors que toute l'oraison n'a cessé de clamer que les ancêtres des morts le sont forcément. La transmission de la vertu de génération en génération est une préoccupation centrale chez Platon : le montrent aussi bien les débats avec les sophistes ou leurs émules consacrés à la difficile question de son enseignement (*Ménon*, 70a ; *Protagoras*, 318a-319a, 324d, 361b), que les textes qui s'interrogent sur sa transmission par l'éducation privée ou par la politique de la cité (*Lois* III, 694c-695c ; *Gorgias*, 515d-517a). Dans ce passage de l'oraison, tout est affaire d'imitation et de réputation à maintenir, sans souci de l'éducation de l'âme. Non sans ironie, l'important pour les morts est que l'attitude de leurs parents ne fasse pas mentir ceux qui ont prononcé leur éloge (247e) ! C'est donc la parole des orateurs et de la cité que la conduite des pères a le devoir de ne pas démentir. En d'autres termes, ils doivent en perpétuer le mensonge.

La seconde partie de la consolation adressée par les morts à leurs parents porte sur la modération face à la douleur et au chagrin, thème qui présente une similitude de surface avec le traitement qu'en proposent la *République* et les *Lois*. Commençons par les ressemblances. La maxime traditionnelle « rien de trop » que les Sept sages auraient fait graver à Delphes (*Protagoras*, 343b ; *Charmide*, 165a ; *Alcibiade*, 132b)[1], est ici interprétée comme une forme de modération fondée sur l'idée que le bonheur ne dépend que « du fait d'avoir placé sa confiance en soi-même » (*dia to hautôi pepoithenai*, 248a) sans compter sur les autres. Une telle modération doit se traduire en chaque individu par des sentiments mesurés face au bonheur ou au malheur, « que richesses et enfants lui naissent ou qu'il les voie disparaître » (248a). La précision concernant l'indépendance du bonheur de chacun par rapport à « d'autres hommes dont la conduite, bonne ou mauvaise, condamnerait aussi la sienne propre à errer à l'aventure » (248a) incite donc

---

1. Sur cette maxime, voir J. Defradas, *Les Thèmes de la propagande delphique*, Paris, Les Belles Lettres, 1972.

les parents à détacher leur propre sort de celui de leurs fils soldats. Cet argument fait écho à celui qu'on trouve dans la *République* concernant le personnage du gardien : il est « celui qui peut le plus se suffire à lui-même (*autarkès*) pour accéder au bonheur », « [celui] qui, à la différence des autres, a très peu besoin d'autrui », celui pour qui « il est le moins terrible d'être privé d'un fils [...] ou de richesse » et qui « gémit le moins et supporte le plus calmement possible d'être frappé par un tel malheur » (*République* III, 388e). De ce point de vue, il n'y a pas lieu d'être surpris de la similitude entre le *Ménexène* et d'autres textes de Platon à propos de l'expression rituelle du deuil et de la peine. En accord avec la modération qu'ils recommandent à leurs parents, les morts désavouent tout autant l'usage du chant funèbre qu'est le thrène (*ou thrènountes*, 248b ; *thrènein*, 248c) que des lamentations qui l'accompagnent (*olophuromenoi*, 248b). La situation est exactement la même dans les passages de la *République* et des *Lois* où Platon encadre très rigoureusement les rites funéraires, aussi bien dans les représentations poétiques que dans les pratiques de la cité juste (*République* III, 386a-388e ; *Lois* XII, 959e-960a).

Derrière ces similitudes percent toutefois de fortes dissemblances qui font de cette modération une version très dégradée de la présentation qu'en donne ailleurs Platon. Tout d'abord, l'attitude attendue respectivement des parents des morts d'un côté, et des gardiens de l'autre, obéit dans chaque cas à des principes opposés. Dans la *République*, le sage capable d'arriver à une telle conception et à une telle pratique de la vie bonne est celui qui est convaincu que la mort est moins terrible que l'esclavage (*République* III, 387b), et qui pour cette raison met en œuvre une conception positive de l'autosuffisance (*autarkès*, 387d). Dans le

Ménexène, la consolation que les morts adressent à leurs parents repose au contraire sur l'idée que la mort est le plus grand des maux, et qu'il faut trouver une manière de s'en accommoder qui soit compatible avec les exigences de la vie dans la cité. C'est pourquoi le parent, plutôt qu'une véritable autosuffisance, se contente d'une forme d'isolement procédant par retranchement ou mise à l'écart des facteurs humains extérieurs, plutôt que par une approche rationnelle et positive de l'autosuffisance : il est invité à « ne faire dépendre que de lui-même (*eis heauton*) tout ce qui conduit au bonheur » (247e), à ne « placer sa confiance qu'en lui-même (*hautôi*) » (248a). La modération (*sôphrôn*, 248a), le courage et l'intelligence (248a) évoqués ici ne sont donc que des vertus en « trompe-l'œil » uniquement destinées à se protéger (de) soi-même, plutôt qu'elles ne résultent d'une juste compréhension de la hiérarchie des biens et des maux. Ainsi, tandis que la modération (*sôphrosunè*) désigne pour Socrate l'empire de la meilleure partie de nous-mêmes sur la partie qui est pire, impliquant donc une maîtrise de soi fondée sur la pensée ou l'intelligence (*République* IV, 431a-b), le *Ménexène* n'en fait qu'une sorte de principe du moindre mal. Parce qu'elle prétend reposer sur un détachement peut-être impossible à mettre en œuvre quand il s'agit de ses propres enfants, une telle idée de la modération n'a de sens que pour les philosophes. Cette modération à laquelle les morts invitent leurs parents n'est donc qu'une version très affaiblie de la modération socratique, presque un simple homonyme, ce que confirme sa combinaison un rien tragi-comique avec la « légèreté » (*kouphôs kai metriôs*, 248c) : si la modération suppose la maîtrise de soi, la légèreté, elle, implique son absence. C'est ce que signalent aussi bien cette légèreté née de l'ivresse que les *Lois* associent au franc-parler et à l'incapacité d'écouter ses voisins (*Lois* II, 671b), que, dans l'*Ion*, la disposition dans laquelle cette « chose légère » qu'est le poète se trouve sous l'effet de l'inspiration, et qui le rend incapable de maîtriser sa parole parce que « son esprit ne se trouve plus en lui » (*Ion*, 534b). Pour autant qu'elle soit possible, la modération mise en avant dans l'oraison n'est en rien le résultat d'un combat rationnel contre soi-même, animé par l'intelligence de la vraie hiérarchie des vertus, du bien de la cité et des citoyens. Elle n'est qu'une indifférence oublieuse (*tèi lèthèi*, 248c), dont l'unique but est d'atténuer ou d'éliminer la souffrance individuelle, avec le bénéfice qu'en attend la cité quant à la docilité de ses membres.

De plus, si les mesures de la *République* et les *Lois* pour limiter les lamentations et les chants funèbres sont cohérentes avec le souci de prémunir la cité juste contre le débordement affectif des parents éplorés [1], les mesures apparemment similaires du *Ménexène* dénoncent au contraire leur incohérence. Les arguments auxquels les morts recourent pour les justifier se trouvent en effet en tension avec l'isolement qu'ils attendent de leurs parents dans le paragraphe antérieur : il s'agit à présent de les inviter à la modération au motif qu'« ils feront un plaisir extrême » aux morts, qui jugent cette manière de vivre « plus agréable » (*hèmin prosphilesteron*, 248d). Comment donc demander aux parents à la fois de ne pas faire dépendre leur propre bonheur du sort de leurs enfants et de se comporter d'une façon qui fasse plaisir à ces mêmes enfants ? Tandis que la *République* et les *Lois* subordonnent le déroulement des rites funèbres et l'expression de la

---

1. Voir N. Loraux, *Les Mères en deuil*, Paris, Seuil, 1990 ; D. Bouvier, « Peut-on légiférer sur les émotions ? Platon et l'interdiction des chants funèbres », *Revue de l'histoire des religions* 2, 2008, p. 243-272.

douleur à l'ordre de la cité juste et du bien politique, c'est au contraire en vue ou au nom des morts qu'ils sont réglés dans le *Ménexène*. Cette idée est confortée par l'hypothèse, faite par les morts eux-mêmes, que peut-être ils peuvent continuer à percevoir les vivants (248b-c). Elle l'est aussi par la confusion des dimensions du temps – l'emploi étrange du futur par les morts à propos de leur propre mort (*hexei*, 248c) – qui rend plus vive la présence des disparus dans la vie des parents, là où il s'agissait pourtant, de l'aveu même des morts, de la rendre insensible.

La consolation que les morts apportent à leurs parents se conclut sur l'idée de soin (*epimeloumenoi*, 248c), par laquelle ils résument aussi l'ensemble de leur prosopopée (*epimelèsontai*, *epimelèsetai*, 248d). L'idée que le soin définit la nature de la tâche politique rappelle la fonction d'*épimelètès* que Socrate a évoquée au début du dialogue à propos des éventuelles responsabilités futures de Ménexène (234b), tout comme elle évoque l'analyse platonicienne de la politique. Mais l'enchâssement des différents niveaux de soin dans ce passage se solde par un silence révélateur : les parents des morts sont invités à prendre soin des femmes et des enfants des défunts, et la cité à prendre soin des parents des morts. Mais qui doit prendre soin de la cité elle-même ? L'assurance qu'ont les morts que, même sans leur exhortation, « la cité prendra soin [des vivants] comme il faut (*hikanôs*) » (248d) permet d'éluder cette question platonicienne qui est au cœur de la *République*. En laissant dans l'ombre ce que signifie « comme il faut (*hikanôs*) » (248d), les morts entérinent le risque pointé par Socrate au début du dialogue : celui de s'en remettre à ceux qui, comme Ménexène, n'ont pas atteint le terme de leur « éducation et de la philosophie » (234a).

EXHORTATION ET CONSOLATION D'ASPASIE
AUX VIVANTS (248E-249C)

Aspasie prononce à son tour sa propre exhortation et
sa propre consolation (248d-249c), en développant le thème
du soin que la cité prodigue aux vivants et aux morts.
Pourquoi cette redondance ? En déclarant qu'elle a rapporté
le message des morts « avec toute l'ardeur dont [elle est]
capable (*hôs dunamai prothumotata*) » (248e), Aspasie
vise peut-être moins un défaut de persuasion dans le contenu
de leur prosopopée que la nature éminemment répétitive
de l'oraison. De nombreux éléments en témoignent dans
cette section : la reprise insistante du thème du soin comme
fonction propre de la politique, ou plus précisément de la
cité envers ses citoyens ; l'injonction d'Aspasie aux fils
d'imiter leurs pères, et aux parents « d'être sans crainte
pour eux-mêmes (*tharrein huper hautôn*) » (248e) comme
les morts l'ont fait juste avant en des termes très peu
différents ; enfin, la reprise de l'argument qu'il faut se
montrer agréable aux morts (*prosphilestatoi*, 249c) et
faciliter (*rhastoi*, 249c) les soins mutuels échangés dans
la cité. Le passage du « je » (*autos deomai*, 248e) au
« nous » (*hèmôn [...] gèrotrophèsontôn humas kai
epimelèsontôn*, 248e) déjà observé dans l'oraison (239c),
confirme l'identification de l'oratrice à la cité qui parle
par sa bouche, et va de pair avec ce caractère répétitif de
l'oraison. Que ce soit Aspasie ou la cité qui parle, elles ne
peuvent tenir, à quelques variations près, que le même
discours, le seul dont il importe de persuader les citoyens.

Sur fond de répétition et d'insistance – on dénombre
quatre occurrences de *epimeleia* et de *epimeleomai* entre
248e et 249c –, c'est l'une de ces variations qu'Aspasie
développe dans cette dernière section de l'oraison, à propos

de la notion de soin. Elle apporte quelques précisions à son sujet par rapport à ce que les morts en ont dit juste avant. Deux traits caractérisent ce soin : son universalité et son orientation exclusivement militaire. Cette universalité est à entendre en trois sens : la cité dirige son soin vers tous les citoyens – les enfants et les parents des morts, ainsi que les morts eux-mêmes (248e ; 249b) –, à tous les âges de leur vie – de l'enfance à la vieillesse (248e-249a) – et, en jouant le rôle de parent universel, elle assume à elle seule la totalité des soins d'ordinaire prodigués par des individus différents à des individus différents en raison d'un rapport de parenté singulier (« En somme, pour les morts, elle joue le rôle d'héritier et de fils, pour leurs fils, celui de père, et pour leurs parents celui de tuteur, en procurant à tous, pour tout le cours du temps, toutes les formes de soin (*pasan [...] epimeleian*) », 249b-c).

Cette universalité rappelle le modèle pastoral selon lequel l'art politique est couramment conçu – le bouvier prodigue à ses bêtes l'ensemble des soins dont elles ont besoin – et dont l'Étranger montre les insuffisances dans le *Politique* (268a-d). Aspasie, ou Athènes dont elle est le porte-parole, mobilise donc ici une vision de la tâche politique qui méconnaît la spécificité de son objet, à savoir la cité et ses membres, et qui prétend surtout leur ôter toute marge d'action propre. Si cette idée peut évoquer le passage des *Lois* selon lequel les citoyens ne s'appartiennent pas à eux-mêmes mais appartiennent à la cité (*Lois* XI, 923a-b), il y a toutefois deux écarts significatifs entre ce texte et le *Ménexène*. D'une part, les *Lois* soulignent que les individus appartiennent aussi, jusqu'à un certain point, à leur famille, alors que la cité du *Ménexène* se substitue aux membres de la famille dont elle prétend occuper toutes les places, jouer tous les rôles, du moins les masculins (249b-c), la fonction nourricière, maternelle, ayant été dévolue à la terre dans un passage antérieur (237c-238b). Tandis que Platon, tout en la réformant, maintient la famille comme rouage central de ses édifices politiques, ce passage du *Ménexène* présente une version de la cité qui annule la famille parce qu'elle prétend s'y identifier[1]. D'autre part, si la loi confère aux actes des citoyens de la cité des *Lois* une orientation morale et politique particulière, elle ne prive pas pour autant ces derniers d'initiative. La loi leur donne au contraire, grâce à l'éducation, les moyens de s'approprier cette orientation, ce qui fait d'eux, à la différence des citoyens du *Ménexène*, non de purs instruments de leur cité mais bien plutôt de véritables agents éthiques et politiques dont les actions font, en partie, la cité. Dans le *Ménexène* au contraire, c'est la cité elle-même qui agit à travers ses membres, qui ne sont que ses exécutants.

La finalité exclusivement militaire de ces soins explique que leur contenu n'ait de ressemblance que formelle avec certaines des mesures préconisées dans la *République* et les *Lois*. Aspasie-Athènes énonce ici en effet trois types de soins prodigués par Athènes à ses membres, et qui, analysés de près, dessinent un portrait de la cité juste dégradé de nouveau jusqu'à l'inversion. Le premier type de soin consiste à prendre garde (*phulattein*, 248e) que les parents des morts ne soient pas victimes d'injustice, claire allusion à la *République* et aux gardiens (*phulakes*) de la cité. Mais ces derniers ne se contentent pas d'éviter que

---

1. Voir É. Helmer, « Le remodelage politique de l'*oikos* dans la *République* : de la famille au modèle familial, de l'économie domestique à l'économie politique », *The Internet Journal of the International Plato Society*, Plato 11 (2011), mars 2012. URL:http://gramata.univ-paris1.fr/Plato/article98.html

leurs concitoyens subissent des injustices, ils s'efforcent
de les rendre positivement justes par différents procédés.
Ne pas être victime d'injustice, sans que s'y ajoute un
souci positif de la justice, correspond à la crainte qui anime
la plupart des hommes et qui les retient de commettre
eux-mêmes des injustices, comme l'explique Thrasymaque
(*République* I, 344c-d). En d'autres termes, la cité du
Ménexène diffuse à ses membres une vision de la justice
et de l'homme très affaiblie par rapport à celle que la
Kallipolis se propose de réaliser.

La rapide présentation du second type de soin que la
cité prodigue à ses membres, l'éducation, corrobore ce
jugement. Contrairement aux larges développements que
Socrate et l'Athénien consacrent respectivement à l'éducation des gardiens et à celle de tous les membres de la cité
(*République* III, 399b-412e ; VI, 502b-505c ; *Lois* VII-VIII
jusqu'à 835b), Aspasie reste extrêmement vague sur le
contenu de cette éducation. N'évoquant rien qui ait trait à
celle de l'âme, elle ne mentionne, sans dire en quoi il
consiste, que le rôle paternel que la cité remplit envers les
orphelins ; l'armement complet (*panopliai*, 249a) qu'elle
leur remet pour se rendre au « foyer paternel » une fois
qu'ils sont parvenus à l'âge d'homme a pour but la repro-
duction du modèle de vie paternel, tout entier fondé sur la
force et les armes (*arxonta met'iskhuos hoplois kekosmenon*,
249b), au service de la cité et de ses ambitions militaires.
Allusion possible à une cérémonie des Grandes Dionysies
décrite par Eschine dans le *Contre Ctésiphon* (154-155),
il y a surtout là l'idée que la cité fait du citoyen sa
marionnette sans s'occuper de son devenir éthique.

Dernier soin prodigué par Athènes : les festivités qu'elle organise à l'intention de ses morts (249b), et que la cité des *Lois* organise au contraire pour les vivants, qu'il s'agisse des concours gymniques, préparatoires à la guerre (*Lois* VIII, 830c-832e), des concours en armes ou à cheval (*Lois* VIII, 833d-834e), ou encore des concours musicaux (*Lois* VIII, 834e-835b).

La cité du *Ménexène* prétend donc être tout, être le tout : elle « procure à tous, pour tout le cours du temps, toutes les formes de soin (*pasan pantôn para panta ton khronon epimeleian poioumenè* » (249c) – la combinaison des allitérations et du polyptote ne saurait être plus marquée et plus significative. Ne ménageant aucune place à la (re) connaissance de soi comme âme se nourrissant de vérité, la cité du *Ménexène* ne permet pas d'initier une quelconque forme de connaissance de soi et de réalisation de soi par soi. Elle ne reconnaît pas non plus l'existence d'un ordre extérieur à la cité auquel celle-ci, ou plutôt ses gouvernants, pourrait mesurer son degré de perfection ou d'imperfection, contrairement au *Timée* où c'est en les articulant au cosmos que Platon fonde ses édifices politiques. En somme, à la différence des cités totalisantes que sont les cités justes de Platon, l'Athènes du *Ménexène* est « totalitaire » en ce sens très précis qu'elle prétend valoir pour le seul et unique ordre du monde. Si pour Platon, la plupart des hommes ne peuvent se réaliser éthiquement et atteindre une forme de félicité (ou de moindre infélicité) que dans l'espace politique, raison pour laquelle il importe de savoir comment le rendre vraiment juste, il maintient toujours entre éthique et politique un certain écart, un certain « jeu » au sens d'un espace de flottement entre deux pièces d'un mécanisme par exemple. Totalement absent de l'Athènes qui s'exprime à travers la bouche d'Aspasie, c'est ce jeu que Socrate tente pourtant de restaurer dans l'âme de Ménexène, en faisant entendre à même le discours funèbre l'appel discret de la philosophie, tout entière tournée vers l'élucidation de la meilleure manière de vivre et sa mise en œuvre.

ÉPILOGUE (249D-E)

Qu'est-ce que Ménexène a compris de cette oraison ? Se « laisse-t-il prendre » aux paroles ensorcelantes de Socrate sans percevoir la duplicité que ce dernier a introduite dans les propos d'Aspasie [1] ? Ou bien, guéri de ses ambitions politiques immédiates et de sa fascination pour les discours funèbres, partage-t-il désormais « l'ironie de son vieux maître » [2] ? Vouloir trancher serait méconnaître que l'épilogue du *Ménexène* partage avec le préambule et l'oraison la même ambivalence, ce même caractère de jeu sérieux que Socrate a insufflé depuis le début à tous ses propos. On l'a dit, Ménexène est un personnage à mi-chemin : selon l'oreille – âme serait plus juste – qu'il a prêtée à Socrate, il peut avoir été médusé par cette oraison en la prenant au pied de la lettre et en retrouvant en elle les valeurs admises de la cité, tout comme il peut avoir démasqué Socrate et son discours philosophique derrière les propos d'Aspasie, sans pâtir alors de l'effet narcotique décrit avec humour en 235a-c. Ces deux possibles restent ouverts. De très nombreux indices plaident en faveur de la première hypothèse : l'admiration de Ménexène pour « de pareils discours » (*toioutous logous*, 249d) et le

---

1. M.M. Henderson, « Plato's *Menexenus* and the Distorsion of History », *Acta Classica* 18, 1975, p. 26.
2. D. Loayza, *Platon. Ménexène, op. cit.*, p. 55.

jugement très laudatif qu'il accorde à quiconque dispose de cette compétence (*makarian*, 249d) ; le préjugé sexiste qu'il partage avec ses concitoyens d'Athènes (*gunè ousa*, 249d), et qui exclut les femmes de la sphère politique en leur déniant quelque talent que ce soit en la matière (« je suis même très reconnaissant de ce discours à celle ou à celui, quel qu'il soit, qui te l'a récité », 249d-e) ; son allusion à la (mauvaise) réputation d'Aspasie (*oida hoia estin*, 249d) ; sa reconnaissance à l'auteur d'un tel discours (*kharin ekhô toutou logou ekeinèi*, 249d-e), qui réaffirme son goût pour les discours politiques athéniens ; enfin, son désir manifeste d'en entendre d'autres rapportés par Socrate (*monon apaggelle*, 249e).

Toutefois ces mêmes éléments, et certains autres, peuvent aussi bien plaider pour la seconde hypothèse, celle d'un Ménexène devenu lucide. Son admiration pour « de pareils discours » peut évidemment avoir pour objet la duplicité introduite par Socrate. Juger Aspasie « bienheureuse » (*makarian*, 249d) renvoie au trait ironique de Socrate disant que les oraisons funèbres le transportent sur l'Île des Bienheureux (*makarôn nèsois*, 235c), et indique que Ménexène prend lui aussi le chemin de l'ironie. Son étonnement que de tels discours aient pu être composés par une femme (*gunè ousa*, 249d) ne témoigne pas nécessairement d'un préjugé sexiste mais peut-être au contraire de sa conscience du silence politique dans lequel ce préjugé maintient les femmes à Athènes, et contre lequel les cités justes de la *République* et des *Lois* proposent des mesures décisives. La connaissance du « genre » d'Aspasie est peut-être une allusion au procédé par lequel Socrate investit son discours, procédé auquel Ménexène a déjà assisté notamment dans le *Lysis* avec le discours éristique. En répondant favorablement à l'invitation de Socrate de l'accompagner chez Aspasie (*akolouthei met'emou*, 249d) pour l'entendre parler elle, c'est-à-dire en fait pour l'entendre parler lui-même, Ménexène signale qu'il a peut-être perçu l'identité double de l'orateur qui vient de s'exprimer, ce que confirmerait l'expression « *celle ou celui*, quel qu'il soit, qui te l'a récité » (249d-e ; je souligne). Enfin, en demandant à Socrate de lui rapporter d'autres nombreux et beaux discours (249e), Ménexène demanderait à Socrate de poursuivre son éducation philosophique et de la mener à son terme.

Plutôt qu'une alternative entre un Ménexène toujours aveugle ou un Ménexène enfin lucide, c'est donc un Ménexène ambivalent que cet épilogue nous présente de nouveau. Si lui est offerte la *possibilité* de passer à un examen critique de lui-même et d'entrer dans un dialogue philosophique, on ne sait ni s'il le fera ni s'il a acquis l'aptitude nécessaire pour le faire, ni même si son désir de « nombreux et beaux discours politiques venant d'Aspasie » (249e) est motivé par leur beauté formelle conforme à des schémas traditionnels, ou par son intérêt pour la dimension critique et philosophique que Socrate leur a insufflée. Et dans ce dernier cas, qu'auront alors de « politique » les beaux discours que Socrate promet de lui rapporter à l'avenir ? Seront-ils politiques par leur contenu, c'est-à-dire par les thèmes qu'ils aborderont, en quoi on pourrait voir alors une éventuelle allusion à la *République* notamment ? Ou bien, comme le suggère Socrate en déclarant être l'un des rares hommes politiques véritables d'Athènes (*Gorgias*, 521d), seront-ils politiques dans leur modalité, c'est-à-dire en tant que discours dialogués par lesquels Socrate conduira son interlocuteur à s'examiner lui-même et à s'amender, par contraste avec le monologue tenu par la cité dans l'oraison ? Rien ne permet de le décider.

Le dialogue se clôt sur la demande de Socrate à
Ménexène de ne pas le dénoncer auprès d'Aspasie (*mè
katereis*, 249e), comme il l'avait déjà fait juste avant de
rapporter l'oraison funèbre (236c). Que craint-il donc ? En
divulguant ce discours avant la cérémonie où celui-ci, ou
un autre similaire, doit être prononcé, Socrate a trahi son
maître d'éloquence : il a annulé le prétendu effet de surprise
attendu par les amateurs de discours civiques, et sur lequel
compte la cité, c'est-à-dire ses dirigeants, pour perpétuer
son idéal politique. Prise en ce sens, la demande de Socrate
s'adresse donc au Ménexène friand de ce genre de discours
et sourd à la parole philosophique à l'œuvre dans l'oraison.
Mais sa demande implique aussi autre chose. Plus qu'une
trahison personnelle somme toute anecdotique, il a surtout
ruiné le prestige que Ménexène attribuait au prétendu talent
d'improvisation des orateurs (235c). Il a démystifié le
pouvoir supposé de leur parole. Il a révélé le schéma
répétitif de ce genre de discours et leur véritable fonction,
en injectant subtilement sa propre parole corrosive dans
le discours d'Aspasie ou, ce qui revient au même, dans
celui de la cité. Il n'est sans doute pas anodin que l'autre
occurrence du verbe *katerô*, employé dans le même sens
dans le corpus platonicien, apparaisse dans un contexte où
il est aussi question d'une critique par le philosophe d'un
type de discours avec lequel il est en concurrence et dont
il critique le pouvoir négatif ou nocif sur les âmes. Au
Livre X de la *République*, alors qu'il exclut la poésie
mimétique de la cité juste, Socrate demande en effet à
Glaucon et Adimante de ne pas le « dénoncer auprès (*ou
gar mou kartereite*) des créateurs de tragédies et de tous
les autres spécialistes de l'imitation » pour la vision très
négative qu'il a de leur parole : « toutes les imitations de

ce genre, dit-il, sont apparemment une cause de destruction pour l'esprit de leurs auditeurs » quand ces derniers n'ont pas « le contrepoison consistant à les connaître telles qu'elles sont en réalité » (*République* X, 595b). La crainte de Socrate dans le *Ménexène* est sans doute de voir dénoncés les effets dévastateurs de sa parole de vérité auprès des politiques athéniens, qui risquent de le lui faire payer cher. Cette fois, c'est au Ménexène peut-être en chemin vers la philosophie que s'adresse sa demande.

BIBLIOGRAPHIE

Ne sont mentionnées ici que les éditions et traductions du *Ménexène* qui nous ont paru les plus décisives, ainsi que les études citées en note. Pour une bibliographie plus complète, voir celles de S. Tsitsiridis et D. Loayza.

Éditions et traductions du Ménexène

BURNET J., *Platonis Opera*, vol. III, Oxford, Clarendon Press, 1903 (texte grec).

MÉRIDIER L., *Platon. Œuvres complètes*, Paris, Les Belles Lettres, T. 5, vol. I, 1931 (introd., texte grec et traduction).

TSITSIRIDIS S., *Platons* Menexenos, *Einleitung, Text und Kommentar*, Stuttgart-Leipzig, B.G. Teubner, 1998 (introd., texte grec et commentaire).

COLLINS S.D. and D. STAUFFER, *Plato's "Menexenus" and Pericles' Funeral Oration : Empire and the Ends of Politics*, Newburyport, Focus, 2000.

LOAYZA D., *Platon. Ménexène*, introd., trad. et notes, Paris, GF-Flammarion, 2006.

Sur les personnages du Dialogue, Aspasie en particulier

DEAN-JONES L., « Menexenus-Son of Socrates », *The Classical Quarterly* 45, 1, 1995, 51-57.

NAILS D., *The People of Plato. A Prosopography of Plato and Other Socratics*, Indianapolis-Cambridge, Hackett Publishing Company, 2002, p. 58-62.

ROSENSTOCK B., « Socrates as Revenant. A Reading of the *Menexenus* », *Phoenix* 48, 1994, 331-347.

Sur Aspasie

PLUTARQUE, *Vies parallèles*, Paris, Les Belles Lettres, « CUF », vol. 3 : *Périclès*, trad. par R. Flacelière et E. Chambry, 1964.

BLOEDOW E.F., « Aspasia and the "Mystery" of the *Menexenos* », *Wiener Studien* 9, 1975, 32-48.

GLENN C., « Locating Aspasia on the Rhetorical Map », dans M.M. Wertheimer (éd.), *Listening to Their Voices. The Rhetorical Activities of Historical Women*, Columbia (SC), University of South Carolina Press, 1997, p. 19-41.

HENRY M.H., *Prisoner of History. Aspasia of Miletus and her Biographical Tradition*, Oxford, Oxford University Press, 1995.

JOUANNA D., *Aspasie de Milet*, Paris, Fayard, 2005.

LONG C.P., « Dancing Naked with Socrates: Pericles, Aspasia, and Socrates at Play with Politics, Rhetoric, and Philosophy », *Ancient Philosophy* 23, 2003, 49-69.

LORAUX N., « Aspasie, l'étrangère, l'intellectuelle », *Clio. Histoire, femmes et sociétés* 13, 2001, 17-42.

TRUDEAU D., « Socrates' Women », *The South Atlantic Quarterly* 98, 1/2, Winter 1999, 83-93.

Sur le genre rhétorique de l'oraison funèbre

Auteurs antiques

CICÉRON, *L'Orateur*, éd. et trad. A. Yon, Paris, Les Belles Lettres, 1964.

DENYS D'HALICARNASSE, *Démosthène* dans *Opuscules rhétoriques*, t. II, éd et trad. G. Aujac, Paris, Les Belles Lettres, 1988.

HERMOGÈNE, *Les Catégories stylistiques du discours* dans *Corpus Rhetoricum*, t. IV, éd. et trad. M. Patillon, Paris, Les Belles Lettres, 2012.

PROCLUS, *Commentaire sur le* Parménide *de Platon*, éd. et trad. C. Luna et A.-Ph. Segonds, Paris, Les Belles Lettres, 2007-2010.

THUCYDIDE, *La Guerre du Péloponnèse*, introd. par C. Mossé, texte établi et traduit par J. de Romilly, R. Weil et L. Bodin, vol. 2, Paris, Les Belles Lettres, « C.U.F », 2009.

Auteurs modernes

CARTER F.M., « The ritual functions of epideitic oration », *Rhetorica* 9, 1991, 209-232.

DUFFY B.K., « The Platonic Function of Epideictic Rhetoric », *Philosophy & Rhetoric* 16, 2, 1983, 79-93.

FRANGESKOU V., « Tradition and Originality in Some Attic Funeral Orations », *The Classical World* 92, 4, 1999, 315-336.

HUDE K., *Les Oraisons funèbres de Lysias et de Platon*, Copenhague, Andr. Fred. Høst & Søn, Historisk-filosofiske meddelelser I, 4, 1917, p. 1-13.

LORAUX N., *L'Invention d'Athènes. Histoire de l'oraison funèbre dans la cité classique*, [1981], Paris, Payot, 1993.

VOLLGRAFF W., *L'Oraison funèbre de Gorgias*, Leiden, E.J. Brill, 1952.

ZIOLKOWSKI J.E., *Thucydides and the Tradition of Funeral Speeches at Athens*, New York, Arno Press Inc., 1981.

Sur l'oraison du Ménexène

Aspects rhétoriques

CLAVAUD R., *Le* Ménexène *de Platon et la rhétorique de son temps*, Paris, Les Belles Lettres, 1980.

COVENTRY L., « Philosophy and Rhetoric in the *Menexenus* », *The Journal of Hellenic Studies* 109, 1989, 1-15.

DIRAT M., « L'éloquence de Platon dans le *Ménéxène* », *American Philological Association* 60, 1991, 327-343.

KERCH T.M., « Plato's *Menexenus*: A Paradigm of Rhetorical Flattery », *Polis* 25, 1, 2008, 94-114.

MARTANO G., « Genero retorico e impegno dialettico nel *Menesseno* », in *Philias Kharin, Miscellanea di studi classici in onore di Eugenio Manni* IV, Rome, Giorgio Bretschneider, 1980, p. 1425-1432.

PARKER H. and J.M. ROBITZSCH (eds.), *Speeches for the Dead. Essays on Plato's "Menexenus"*, Berlin, De Gruyter, 2018.

TULLI M., « Epitaph and enchantment of the soul. Gorgias in *Menexenus* », dans M. Migliori, L.M. Napolitano Valditara and A. Fermani (eds.), Inner Life and Soul. Psuchè in Plato, Sankt Augustin, Academia Verlag, 2011, p. 291-298.

WICKKISER B.L., « Speech in Context: Plato's *Menexenus* and the Ritual of Athenian Public Burial », *Rhetoric Society Quarterly* 29, 2, 1999, 65-74.

Aspects linguistiques

DE VRIES G., « *Semnos* and Cognate Words in Plato », *Mnémosynè*, 1944, 151-156.

HELMER É., « Sur de prétendues anomalies dans le *Ménexène* de Platon », *Plato Journal*, vol. 6 (2006).
DOI : https://doi.org/10.141995/2183-4105-6-5

LABARDE J., « Anomalies dans le *Ménéxène* de Platon », *L'Antiquité Classique* 60, 1991, 89-101.

YAMAMOTO, T., « The *Epitaphios Logos* and the Language of Philosophy : Plato's *Menexenus* and *Apology of Socrates* », *Archive for Philosophy and the History of Science*, University of Tokyo 3, 2001 [en japonais].

Pour une lecture parodique et ironique de l'oraison

BERNDT Th., *De Ironia Menexeni Platonici*, Munster, 1881.

ENGELS D., « Irony and Plato's *Menexenus* », *L'Antiquité classique* 81, 2012, 13-30.

LORAUX N., « Socrate contrepoison de l'oraison funèbre. Enjeu et signification du *Ménexène* », *L'Antiquité classique* 43, 1, 1974, 172-211.

TRIVIGNO F.V., « The Rhetoric of Parody in Plato's *Menexenus* », *Philosophy and Rhetoric* 42, 1, 2009, 29-58.

Pour une lecture « sérieuse »

COLLINS S.D. and D. STAUFFER, « The Challenge of Plato's *Menexenus* », *The Review of Politics* 61, 1, 1999, 85-115.

HENDERSON M.M., « Plato's *Menexenos* and the Distortion of History », *Acta Classica* 18, 1975, 25-46.

HUBY P.M., « The *Menexenus* Reconsidered », *Phronesis* 2, 2, 1957, 104-114.

KAHN C.H., « Plato's Funeral Oration: The Motive of the *Menexenus* », *Classical Philology* 58, 4, 1963, 220-234.

PAPPAS N. and M. ZELCER, *Politics and Philosophy in Plato's Menexenus. Education and Rhetoric, Myth and History*, Routledge, 2014.

SALKEVER S.G., « Socrates' Aspasian Oration: The Play of Philosophy and Politics in Plato's *Menexenus* », *The American Political Science Review* 87, 1, 1993, 133-143.

Sur les enjeux politiques du Ménexène

HELMER É., « Does the political regime feed and rear the citizens ? "Trophè" in Plato's *Menexenus* and his other political dialogues », *in* H. Parker and J.M. ROBITZSCH (eds.), *Speeches for the Dead, op. cit.*, p. 135-152.

– « Athènes comme les autres. La figure de l'étranger et la question de la différence politique dans le *Ménexène* de Platon », *Ideação* 34, 2016, 17-38.

URL : https://drive.google.com/file/d/0B7rUDUjjj383U2 puSlBhVXJIbkk/view

JOLY H., *La Question des étrangers*, Paris, Vrin, 1992.

LORAUX N., « La mère, la femme, la terre : de Platon à Bachofen et au-delà », *Kentron, Centre d'études et de recherches de langues anciennes*, Caen, 9, 1993, 45-63.

MONOSON S.S., « Remembering Pericles : The Political and Theoreticla Import of Plato's Menexenus », *Political Theory* 26, 4, Aug. 1998, p. 489-513.

ROMILLY J. de, *Thucydide et l'impérialisme athénien*, Paris, Les Belles Lettres, 1947.

ROSIVACH V., « Authochtony and the Athenians », *The Classical Quarterly*, New Series, vol. 37, 2, 1987.

SEBILLOTTE CUCHET V., « La terre-mère : une lecture par le genre et la rhétorique patriotique », *Kernos* 18, 2005.

SHOREY P., « The So-Called "Archon Basileus" and Plato *Menexenus* 238 D », *Classical Philology* 5, 3, Jul. 1910, 361-362.

L'exhortation finale

BOUVIER D., « Peut-on légiférer sur les émotions ? Platon et l'interdiction des chants funèbres », *Revue de l'histoire des religions*, 2, 2008, p. 243-272.

DEFRADAS J., *Les Thèmes de la propagande delphique*, Paris, Les Belles Lettres, 1972.

LORAUX N., *Les Mères en deuil*, Paris, Seuil, 1990.

TABLE DES MATIÈRES

Achevé d'imprimer le 31 juillet 2019
sur les presses de
La Manufacture - Imprimeur – 52200 Langres
Tél. : (33) 325 845 892

N° imprimeur : 190886 - Dépôt légal : août 2019
Imprimé en France